Inhaltsverzeichnis

Inhaltsverzeichnis

Vorwort

Die Flut visueller und akustischer Ablenkungen führt bedauerlicherweise gerade bei Kindern zur Ebbe in der Beherrschung und Anwendung sprachlicher Mittel. Sprache als Funktion zur Verständigung (Kommunikation), als Funktion zum Begreifen und zur Einordnung der Wirklichkeit (Kognition), oder auch als Funktion sozialen Handelns gerät in erschreckendem Maße ins Hintertreffen.

Im täglichen Umgang mit Schülern meiner Klasse stelle ich eine unmittelbare Korrelation zwischen dem Sprachvermögen und dem „Gefüge" der Elternhäuser fest. Es wird zum großen Teil im häuslichen Umfeld zu wenig mit den Kindern gesprochen und, was noch schlimmer ist, ganz offensichtlich immer weniger korrigierend eingegriffen. Wenn – wie ich das erfragt habe – die Hälfte der Schüler meiner Klasse einen eigenen Fernseher besitzt, steht „Ruhe-haben-wollen" in der Wertigkeit unzweifelhaft über „Sich-anstrengen-müssen", d. h. parken geht vor sprechen.

Die Folgen sind nahezu direkt ablesbar. Gut gemeinte Hinweise bei Elternabenden zeigen sich nach kürzester Zeit als vergebliche Liebesmüh. Die Situation ist appellativ nicht zu verbessern, geschweige denn zu beheben.

Zwangsläufig müssen wir Lehrkräfte mehr und mehr die Baustelle Sprache bearbeiten. Dabei helfen im Rahmen der Grammatik angesichts der teilweise erheblichen Defizite unsere Sprachbücher nicht ausreichend. Mit vielen Bildchen und wenig Stoff ist Problemfeldern nicht nachhaltig beizukommen, weshalb einfach mehr Material für mehr Übung eingesetzt werden muss.

In diesem Sinne habe ich Arbeitsblätter erstellt, die punktuell bestehende Lücken füllen sollen: etwa im Bereich der unregelmäßigen Verben oder der wörtlichen Rede.

Im Hinblick auf den bevorstehenden Übergang der Schüler(innen) auf weiterführende Schulen und dem damit verbundenen erweiterten Fremdsprachenunterricht haben wir vorwiegend für grammatische Begriffe die lateinischen Bezeichnungen gewählt.

Wie bereits bei **Fit mit der Eule** für das 2. und 3. Schuljahr ist aus Vorlagen ein zu erstellendes Arbeitsheft als kompakte Form der Wiederholung in den vorliegenden Materialien enthalten.

Angelika Rehm

Grammatische Grundbegriffe

Das Nomen

> Nicht nur Menschen, Tiere, Pflanzen und Dinge sind Nomen.
> Auch Gedanken, Gefühle, Zustände, Ideen usw. gehören dazu.

z. B.: der Bäcker, Kerstin, die Amsel, die Rose, der Topf, das Auto;
der Humor, die Trauer, das Leid.

Gedanken, Gefühle, Zustände, Ideen usw. nennt man auch Abstrakta, weil man die Begriffe nicht anfassen kann; sie sind abstrakt.

> Nomen schreibt man groß.

Suche Abstrakta und schreibe sie mit Artikeln auf:

Das Pronomen

> Für Nomen kann man auch Pronomen einsetzen.

Pronomen sind z. B.: ich, du, er, sie, es, wir, ihr, sie.

Das Verb

> Verben drücken aus, was jemand tut oder was geschieht.

Man unterscheidet die Grundform und die Personalform.

z. B.: Grundform: sprechen
Personalform: (ich) spreche, (du) sprichst, (er/sie/es) spricht, (wir/sie) sprechen, (ihr) sprecht.

Setze die Verben lernen, rechnen, schreiben, malen, denken und singen in die verschiedenen Personalformen (ich, du, er/sie/es, wir/ihr) um:

Das Adjektiv

> Adjektive drücken aus, wie etwas ist.

Mit Adjektiven kann man vergleichen.
z. B.: Grundstufe: tief
1. Vergleichsstufe: tiefer
2. Vergleichsstufe: am tiefsten

Setze die folgenden Adjektive jeweils in die beiden Vergleichsstufen:
schnell, sauber, hoch, groß, gut.

____

____

____

Der Satz

> Der Satz besteht aus verschiedenen Satzgliedern. Ein vollständiger Satz muss mindestens ein Subjekt und ein Prädikat haben.

z. B.: Mutter kocht.

Das Subjekt

> Das Subjekt sagt aus, wer etwas tut. Man findet es durch die Frage: „Wer oder was tut etwas?“

z. B.: Mutter kocht. *Wer kocht?* Mutter.

Das Prädikat

> Das Prädikat sagt aus, was getan wird oder was geschieht. Man findet es durch die Fragen: „Was tut er/sie/es? Was tun sie oder was geschieht?“
> Das Prädikat ist immer ein Verb.

z. B.: *Was tut Vater?* Arbeiten.

Zusammengesetzte Nomen

Zusammengesetzte Nomen können aus verschiedenen Wortarten entstehen:
Nomen + Nomen, Verben + Nomen, Adjektive + Nomen.

Nomen und Nomen

Bach
Werk
Schmutz
Strahl
Regen
Bad
Schlauch
Rad

Leitung
Kocher
Kraft
Brunnen
Fall
Turm
Mineral

1. Bilde aus den obigen Wörtern zusammengesetzte Nomen.

____

____

____

Verben und Nomen

Druckknopf
Sprungbrett
Gehweg
Essgeschirr
Lesebrille
Schreibheft
Rechenschieber
Spielplatz
Wanderschuhe
Fahrrad
Flugzeug
Singvogel
Ziehharmonika
Hüpfburg
Schreihals
Schlafmütze

2.Schreibe zu jedem zusammengesetzten Nomen das entsprechende Verb neben das Nomen.
z. B.: Backstube – Stube, backen

______________________ ______________________

______________________ ______________________

______________________ ______________________

______________________ ______________________

______________________ ______________________

______________________ ______________________

______________________ ______________________

______________________ ______________________

Adjektive und Nomen

lang ~~alt~~ grün frech bunt braun weich kurz hoch laut dick groß

Fläche Maul Holz ~~Papier~~ Stärke Haus Kopf Dachs Stift Bär Ei Schluss

Bilde aus den obigen Wörtern zusammengesetzte Nomen.

Altpapier ______________________________

____

Suche im jeweiligen Block nach dem zusammengesetzten Nomen, das den vorangestellten Zeichen entspricht. Kreuze das richtige Wort an.

Nomen + Nomen = ☐ **Verben + Nomen =** ○ **Adjektive + Nomen =** △

(1) ○
- ☐ EISBERG
- ☐ SCHRAUBVERSCHLUSS
- ☐ SCHLANKMACHER

(2) △
- ☐ KNEIFZANGE
- ☐ HAUSTÜR
- ☐ SCHNELLSTRASSE

(3) ○
- ☐ BRANNTWEIN
- ☐ FRISCHFLEISCH
- ☐ BAUMSÄGE

(4) ☐
- ☐ STOLPERSTEIN
- ☐ SAUERKRAUT
- ☐ BLUMENVASE

(5) ☐
- ☐ LÖSCHPAPIER
- ☐ WINTERSONNE
- ☐ SPITZBUBE

(6) △
- ☐ KOCHBUCH
- ☐ DACHZIEGEL
- ☐ BÖSEWICHT

(7) ○
- ☐ WASCHMASCHINE
- ☐ FEUERSTELLE
- ☐ SPÄTZÜNDER

(8) △
- ☐ TIEFFLIEGER
- ☐ AUTOBAHN
- ☐ NÄHNADEL

(9) ○
- ☐ SCHAFWOLLE
- ☐ FRÜHJAHR
- ☐ GLÜHLAMPE

(10) △
- ☐ STARKSTROM
- ☐ TREFFPUNKT
- ☐ KAFFEETASSE

Vom richtigen Wort von Block **1** nimmst du den 7. Buchstaben (**1**/7) und trägst ihn in das erste Kästchen des Lösungsschemas ein. Dann trägst du nacheinander so ein:
2/10, **3**/3, **4**/7, **5**/2, **6**/3, **7**/8, **8**/2, **9**/7, **10**/9.
Das Lösungswort ist der Ausruf eines begeisterten Italieners über deine Leistung.

!

Sammelnamen

Frau Knickerig geht in den Supermarkt „Maximal“. Sie hat sich vorher einen Einkaufszettel geschrieben, allerdings so, wie es ihr gerade einfiel.*

Schreibe in dein Heft, in welcher der nebenstehenden Abteilungen sie was kauft.

Glühlampen
Schnitzel
Kiwis
Camembert
Apfelsaft
Kaffeelöffel
Cola
Kartoffeln
Steckdosen
Scheibenwischer
Schal
Emmentaler
Zahnpasta
Schneidebrett
Radkappe
Rinderhack
Kabeltrommel
Möhren
Hering
Pullover
Bananen
Erdbeeren
Haarshampoo

Schreibhefte
Töpfe
Leber
Wagenheber
Lauch
Weißwein
Socken
Schinken
Salami
Wetterjacke
Gouda
O-Saft
Suppenteller
Forelle
Äpfel
Lachs
Handcreme
Ziegenkäse
Lineal
Rotbarsch
Tintenkiller
Hemd

Schulbedarf

Haushaltswaren

Textilien

Elektro

Autozubehör

Drogerieabteilung

Getränke

Fleisch + Wurst

Käsetheke

Fischabteilung

Obst

Gemüse

* Weil sie alles durcheinander notiert hatte, musste Frau Knickerig mehrmals in dieselbe Abteilung. Nach genau 3 Stunden und 34 Minuten stand sie schon an der Kasse.

Vorsilben

Durch Vorsilben können Verben einen anderen Sinn bekommen.

Vorsilben sind: an-, be-, um-, hin-, aus, ver, mit-, zu-, ein-, ent-, auf-, ab-, vor-.

Schreibe zu den mit Vorsilben gebildeten Verben **fallen**, **schreiben**, **laufen** und **fahren** eine der jeweils angegebenen oder einer anderen passenden Wortbedeutung.

fallen

anfallen Hund ____________________

befallen ____________________

umfallen ____________________

ausfallen ____________________

verfallen ____________________

einfallen ____________________

entfallen ____________________

auffallen ____________________

angeben, Haltbarkeitsdatum, vergessen Idee, ~~Hund~~, Strom, Baum, Pilz

laufen

anlaufen ____________________

hinlaufen ____________________

auslaufen ____________________

verlaufen ____________________

zulaufen ____________________

einlaufen ____________________

entlaufen ____________________

ablaufen ____________________

Ölfass, Schuhe, Katze, Hund, Ziel, verirren, Maschine, Pass

schreiben

beschreiben ____________________

umschreiben ____________________

ausschreiben ____________________

verschreiben ____________________

mitschreiben ____________________

aufschreiben ____________________

abschreiben ____________________

vorschreiben ____________________

Aufsatz, Merkzettel, zum Sprechen schreiben, Tafel, Vorname, Weg, Fehler, Text

fahren

anfahren ____________________

befahren ____________________

umfahren ____________________

ausfahren ____________________

verfahren ____________________

mitfahren ____________________

auffahren ____________________

abfahren ____________________

Hindernis, Kinderwagen, Beifahrer, Unfall, Straße, falscher Weg, Autobahnausfahrt, starten

Bedeutungen von „gehen“ 1

Ein Wort kann man nicht nur durch ein anderes ersetzen. Es gibt auch bei **einem** Wort manchmal ganz verschiedene Bedeutungsinhalte.
Kreuze jeweils an, welche Stichworte deiner Meinung nach passen. Es können auch beide Möglichkeiten zutreffen. Sprecht darüber.

Gehen. Gehen?

Geh mir aus den Augen!		Brille aufsetzen
		Hau ab!
Lass dich nicht so gehen.		Lass dich nicht hängen.
		Zieh dir eine saubere Hose an.
Wie geht es dir?		Frage nach dem Befinden.
		Wohin gehst du?
Geh zum Kuckuck!		Schau dir den Kuckuck im Wald an.
		Lass dich nicht mehr blicken!
Es geht aufwärts.		Es geht besser.
		Jemand geht in den 1. Stock.
Du gehst mir auf die Nerven!		Einer, der Nervenschmerzen hat.
		Einer, der nervt.
Das Telefon geht.		Das Telefon klingelt.
		Der Apparat wird woanders hingestellt.
Schon wieder geht die Uhr nach.		Wenn jemandem die Uhr hinterherläuft.
		Es ist schon später.
Der Deckel geht nicht zu.		Der Deckel ist verschwunden.
		Der Deckel klemmt.
Es geht dem Ende entgegen.		Spiel
		Tod
Er ging in sich.		Er dachte nach.
		Er rollte sich ein.

Bedeutungen von „gehen“ 2 AB 8

Ich gehe davon aus, dass du morgen auch noch krank bist.		Ich glaube.
		Ich nehme an.
Es geht ein starker Wind.		Es stürmt.
		Der Wind wandert weiter.
Dann ging er in die Knie.		Er machte Kniebeugen.
		Er wurde bezwungen.
Der Hefeteig muss eine Stunde gehen.		Er muss spazieren gehen.
		Er muss ruhen.
Der Fernseher geht nicht.		Er ist defekt.
		Er bleibt auf der Strecke.
Sahnetorte geht mir über alles.		Sie schmeckt obersuper.
		Sie ist das Höchste.
Der Schnellzug geht über Köln, Frankfurt und Karlsruhe.		Er fährt über …
		Er läuft in kleinen Schritten.
Da geht mir doch der Hut hoch!		Der Wind weht den Hut weg.
		Das regt mich auf.
Wir gehen in den Ferien nach Ägypten.		Wir wandern nach Ägypten.
		Wir machen Ferien in Ägypten.
Geh endlich an die Arbeit!		Fang an!
		Lauf zur Arbeit!
Geht das nicht zu weit?		Mehr als 500 km laufen
		Grenze überschreiten
Es geht mir nicht in den Kopf.		Das will mir nicht einleuchten.
		Das kapiere ich nicht.

Bedeutungen von „gehen“ 3

Der Schrei geht durch Mark und Bein.		Ein ziemlich heftiger Schrei
		Ein Schrei geht durch die Adern.
Es geht um Kopf und Kragen.		Man muss einen Kragen am Kopf haben.
		Es geht um alles.
Die Arbeit geht vor.		Erst das Spiel, dann die Arbeit.
		Erst die Arbeit, dann das Spiel.
Geht dich das was an?		Was kümmert dich das?
		Hast du etwas damit zu tun?
Das geht voll daneben.		Pech gehabt!
		Das Ergebnis war falsch.
Es geht inzwischen viel besser.		Die Geschäfte laufen besser.
		Die Krankheit bessert sich.
Es geht über meine Kräfte.		Ich kann das mit meinen Kräften.
		Ich kann das nicht bewältigen.
Das Schloss geht nicht mehr.		Das Schloss funktioniert nicht.
		Das Schloss will nicht wandern.
Geht der Strom wieder?		Haut der Strom schon wieder ab?
		Ist wieder Strom da?
Jetzt geht nichts mehr!		Es klappt nichts mehr.
		Niemand bewegt sich von der Stelle.
Mir geht das Geld aus.		Das Geld geht spazieren.
		Ich habe immer weniger Geld.
Das Licht geht aus.		Es geht über Tag bummeln.
		Das Licht brennt nicht mehr.

Wortfeld „gehen“

Kreuze die Verben an, die zum Wortfeld „gehen“ gehören. Es sind insgesamt 39 Wörter!

	denken		sehen		lahmen
	lesen		krabbeln		werfen
	huschen		fliegen		hetzen
	blättern		traben		ziehen
	wetzen		gehen		schreien
	flitzen		fragen		spielen
	holen		beten		eilen
	schreiben		humpeln		sitzen
	laufen		wandern		trippeln
	nehmen		schließen		hüpfen
	springen		kriechen		marschieren
	kaufen		stellen		waschen
	stolzieren		schwanken		stolpern
	hinken		pflücken		arbeiten
	schlafen		hängen		schlagen
	trinken		stapfen		rasen
	schleichen		rennen		schlendern
	kratzen		kämmen		klagen
	bummeln		trotten		blättern
	waten		malen		torkeln
	fahren		essen		schwimmen
	sprinten		hopsen		verlieren
	singen		spazieren		schneiden
	tänzeln		bringen		schreiten
	schlurfen		sausen		greifen
	graben		klopfen		stürmen
	hören		watscheln		legen

Wortfeld „gehen“

Ordne die gefundenen Verben von AB 10 zum Wortfeld „gehen“ nach dem Alphabet (denke auch an den 2. und 3. Buchstaben). Setze sie gleichzeitig ins Präteritum.

Grundform	Präteritum	Grundform	Präteritum
bummeln	er bummelte		

Wortfeld „sprechen“

vermuten glauben rufen quatschen grölen brummen schwätzen wispern urteilen fragen brüllen murmeln bemerken anvertrauen hauchen schreien ankündigen verhaspeln antworten loben erwähnen brabbeln verklickern tratschen lallen munkeln sagen berichten lispeln maulen flüstern reden erklären quasseln behaupten sprechen vorlesen schimpfen warnen meinen feststellen entgegnen nuscheln stottern klagen jammern einwenden flehen befehlen spötteln angeben plappern vortragen erzählen

Ordne die Verben des Wortfeldes „sprechen“ nach dem Alphabet.
Denke auch an den 2. und 3. Buchstaben.

Wortfeld „sprechen“

vermuten glauben rufen quatschen grölen brummen schwätzen wispern urteilen fragen brüllen murmeln bemerken anvertrauen hauchen schreien ankündigen verhaspeln antworten loben erwähnen brabbeln verklickern tratschen lallen munkeln sagen berichten lispeln maulen flüstern reden erklären quasseln behaupten sprechen vorlesen schimpfen warnen meinen feststellen entgegnen nuscheln stottern klagen jammern einwenden flehen befehlen spötteln angeben plappern vortragen erzählen

1. Suche die Verben des Wortfeldes „sprechen“ heraus, bei denen der Wortstamm sich in den verschiedenen Zeitstufen ändert (unregelmäßige Verben).
   Schreibe die Formen entsprechend in die Tabelle. Achtung: Einige Verben sind zweigeteilt!

Grundform	Präsens	Präteritum	Perfekt
	sie	er	er

Was fällt dir bei zweigeteilten Verben auf? Denke an die Entstehung!

2. Schreibe weitere Beispiele auf.

Der Segelausflug

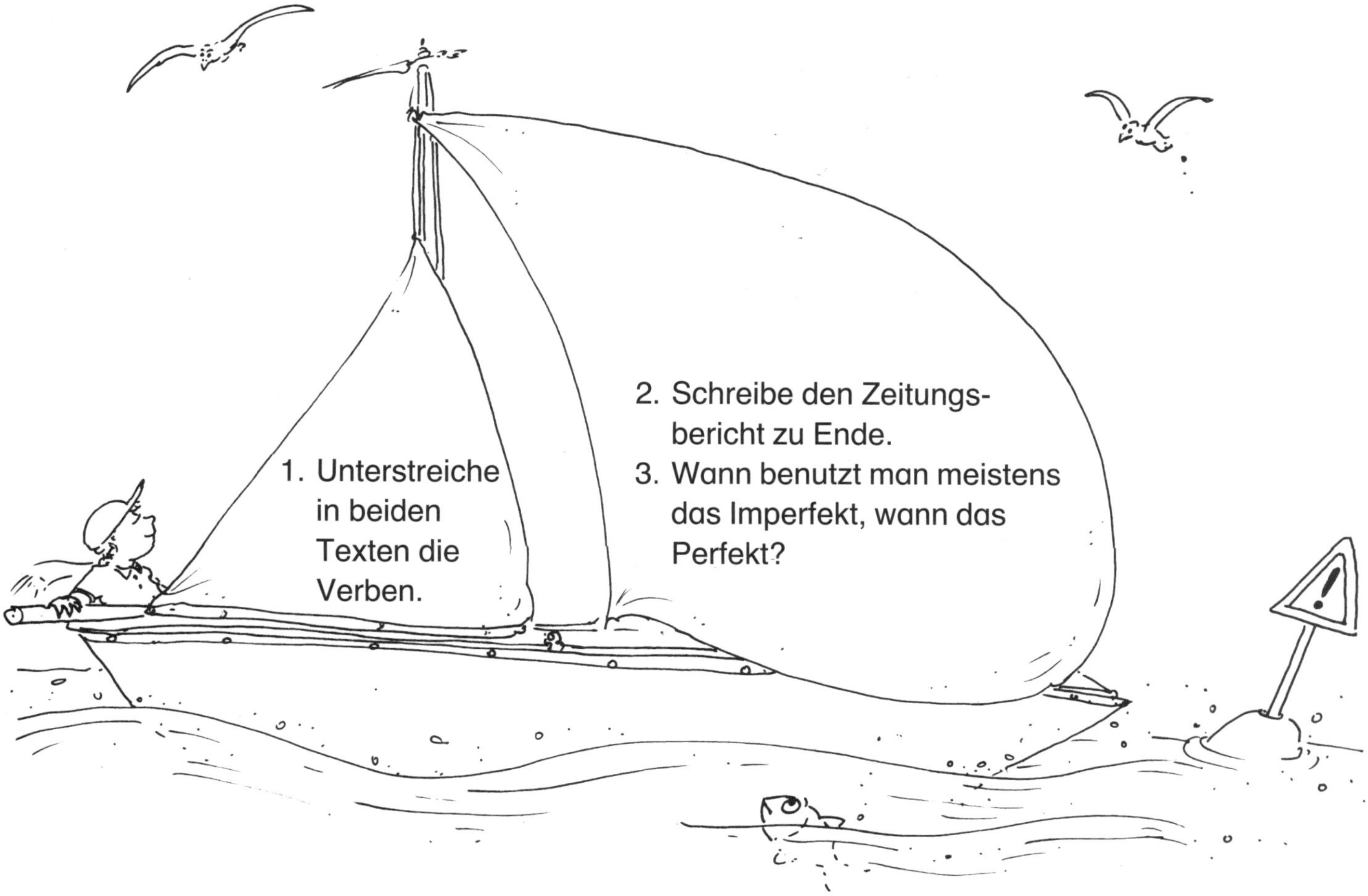

1. Unterstreiche in beiden Texten die Verben.
2. Schreibe den Zeitungsbericht zu Ende.
3. Wann benutzt man meistens das Imperfekt, wann das Perfekt?

Max berichtet: In den frühen Morgenstunden sind wir mit unserem kleinen Segelboot ausgelaufen. Wir haben die Segel gehisst und sind zur fünf Meilen entfernten Insel gesegelt.

Wir haben die Fahrt richtig genossen. Luise hat ein herrliches Picknick mitgebracht. Doch unsere Fahrt hat ein schreckliches Ende genommen. Wir haben nicht aufgepasst und einen Felsen gerammt. Das Boot ist untergegangen. Wir sind zur Insel geschwommen. Gott sei Dank haben wir sie lebend erreicht.

So stand es in der Zeitung:

Am frühen Morgen des Dienstags geschah in der Nähe der Insel Lucky ein Unglück.
Vier Kinder waren mit ihrem Segelboot unterwegs, als dieses im seichten Wasser einen Felsen rammte und unterging.

Verben in der Zeitform

Endlich Wochenende

Was hat Heike am Wochenende alles vor? Schreibe die Sätze im Futur auf.
Was hast du selbst vor? Male und schreibe.

Heike wird ihr ______

Verben in verschiedenen Zeitformen

Wir kennen das schon: Verben können im **Präsens** (Gegenwart), im **Präteritum** (1. Vergangenheit), im **Perfekt** (2. Vergangenheit) und im **Futur** (Zukunft) stehen.

Wortbausteine

Die aus den unten stehenden Silben zu bildenden Verben stehen alle im **Infinitiv** (Grundform). Setze die Silben zusammen und schreibe sie so auf:

schlafen – schlief – hat geschlafen – wird schlafen

Verben-Memory

Schneide die Kärtchen aus, mische sie und lege sie mit der beschrifteten Seite nach unten.

fuhr ist gefahren	aß hat gegessen	verlor hat verloren	las hat gelesen
fahren	essen	verlieren	lesen
sprach hat gesprochen	rannte ist gerannt	gab hat gegeben	sprang ist gesprungen
sprechen	rennen	geben	springen
flog ist geflogen	wusste hat gewusst	kam ist gekommen	fiel ist gefallen
fliegen	wissen	kommen	fallen

Verben-Memory

Schneide die Kärtchen aus, mische sie und lege sie mit der beschrifteten Seite nach unten.

stritt hat gestritten	dachte hat gedacht	wusch hat gewaschen	fing hat gefangen
streiten	denken	waschen	fangen
lag hat gelegen	blieb ist geblieben	lief ist gelaufen	hielt hat gehalten
liegen	bleiben	laufen	halten
ging ist gegangen	schrieb hat geschrieben	fand hat gefunden	trank hat getrunken
gehen	schreiben	finden	trinken

Verben-Memory (Leerblatt)

Verben in der Zeitform 1

Verben können in verschiedenen Vergangenheitsformen stehen.

z. B. Grundform: arbeiten Präteritum: er arbeitete Perfekt: er hat gearbeitet

Vervollständige die Formen in der nachstehenden Tabelle.

Grundform	Präteritum	Perfekt
fliegen	er	er
		er hat gesungen
	er sagte	
sprechen		
		er hat gebeten
		er ist gekommen
bringen		
fressen		
	er schlug	
		er hat gelogen
	er nahm	
bauen		
	er schloss	
		er ist gefahren
stehen		
reißen		
		er hat geholfen
lesen		
	er schrie	
trinken		

Verben in der Zeitform 2

Das Futur wird gebildet mit den Gegenwartsformen von „werden“ und der Grundform des jeweiligen Verbs.

z. B. Ich werde singen. Wir werden kommen.

Vervollständige die Formen in der folgenden Tabelle.

Grundform	Präteritum	Perfekt	Futur
beginnen	er begann	er hat begonnen	er wird beginnen
schreiben		sie hat geschrieben	
denken	wir dachten		
mögen			sie werden mögen
essen		ich habe gegessen	
sitzen			ihr werdet sitzen
finden	ihr fandet		
raten	ich riet		
geben	du gabst		
wissen			ich werde wissen
sehen		du hast gesehen	
helfen		wir haben geholfen	
können	ich konnte		
tragen			er wird tragen
dürfen		du hast gedurft	
fließen	es floss		
rennen		sie ist gerannt	
bleiben			wir werden bleiben
haben		es hat gehabt	
tun		ihr habt getan	

Unterstreiche im nachfolgenden Text die Verben. Schreibe sie so auf: planen – planten.

Die Nachtwanderung

Für den späten Samstag planten wir eine ausgedehnte Nachtwanderung. Es regnete in Strömen. Als Uli neugierig aus dem Fenster schaute, sah er keine einzige Wolkenlücke. Ulis kleine Schwester Sabine starrte traurig vor sich hin. Irgendwann jedoch packte Uli seinen vollgestopften Rucksack, während Sabine verzweifelt die neue Taschenlampe suchte.

Nach einer Stunde hörte der Regen plötzlich auf. Nur in weiter Ferne hörte man noch ein dumpfes Grollen. Die beiden nahmen ihre Rucksäcke und verabschiedeten sich fröhlich von ihren Eltern. Als sie am nahen Dorfplatz ankamen, waren schon alle anderen versammelt. Frau Kock gab noch Anweisungen. Man konnte die Hand nicht mehr vor den Augen sehen, und so machten die Wanderer ihre Taschenlampen an. Im Wald angekommen, hörten sie unheimliche Geräusche. Ein wenig Angst hatten sie schon.

Nach einem zweistündigen Marsch sahen sie von Weitem einen hellen, flackernden Lichtschein. Als sie dort eintrafen, saßen einige Eltern um ein Grillfeuer herum und wärmten sich. Köstliche Gerüche stiegen ihnen in die Nasen. Nach der Anstrengung der langen Wanderung hatten natürlich alle einen mächtigen Hunger. Nach der kräftigen Mahlzeit sangen sie noch viele fröhliche Lieder und machten sich zu später Stunde auf den Heimweg. Noch lange danach sprachen sie über diese Nacht.

Verben, bei denen der Wortstamm in den Zeitstufen verändert wird, heißen **unregelmäßige Verben**.

Setze die richtigen Zeitstufen in die folgende Tabelle ein.

Grundform	Präsens	Präteritum	Perfekt
beißen	er beißt	er biss	er hat gebissen
bekommen			
bleiben			er ist
braten			
bringen			
denken			
dürfen			
einladen			er ist/hat
entscheiden			
entstehen			er ist
erfinden			
erschrecken			
essen			
fahren			er ist
fallen			er ist
fangen			er hat
finden			
fliegen			er ist
fließen			er ist

Wörterbuch der unregelmäßigen Verben (2)

Grundform	Präsens	Präteritum	Perfekt
fressen			
geben			
gehen			er ist
halten			
heben			
heißen			
kommen			er ist
können			
lassen			
laufen			er ist
leihen			
lesen			
liegen			
messen			
mögen			
nehmen			
reißen			
rennen			er ist
rufen			
schießen			
schlafen			

Wörterbuch der unregelmäßigen Verben (3) AB 25

Grundform	Präsens	Präteritum	Perfekt
schreiben			
schreien			
schwimmen			er ist
sehen			
singen			
sprechen			
springen			er ist
stehen			
stoßen			
streiten			
tragen			
trinken			
verbieten			
vergessen			
verlieren			
wachsen			er ist
waschen			
werden			er ist
wissen			
wollen			
ziehen			

Mit dem Bindewort **und** werden Sätze aneinandergereiht. Wenn beide Teilsätze das gleiche Subjekt haben, fällt das Subjekt im zweiten Teilsatz weg.

Mutter ist verreist

Die fünf Kinder und der Vater müssen nun die Hausarbeit machen. So teilen sie sich die Hausarbeit auf:

Verbinde jeweils die beiden Sätze und schreibe sie auf.

Konjunktionen

> Wörter, die Satzglieder oder Sätze miteinander verbinden, nennt man Bindewörter (**Konjunktionen**).

Konjunktionen sind z. B.: aber, als, bevor, da, damit, dass, denn, nachdem, obwohl, oder, und, während, weil, wenn.

Verbinde die folgenden Sätze mit Konjunktionen und schreibe sie in dein Heft.

Klaus hatte schlechte Laune. Es regnete.

Es war kalt. Die Sonne schien.

Lisa putzte sich die Zähne. Lisa ging ins Bett.

Fünfzig minus dreiunddreißig ist siebzehn. Siebzehn plus dreiunddreißig ist fünfzig.

Robert flog mit seinem Schirm davon. Der Wind wehte heftig.

Ich verrate dir den Zaubertrick. Gib mir dafür eine Tüte Gummibärchen.

Herr Meier arbeitete im Garten. Peter half ihm.

Der Löwe war hinter Gittern. Er konnte nicht entlaufen.

Soll ich lachen? Soll ich weinen?

Das war ein Höllenlärm auf dem Bahnsteig. Der Zug fuhr vorbei.

Claudia malte. Susanne bastelte.

Sven wollte ins Schwimmbad. Uwe überredete ihn, mit ihm auf den Fußballplatz zu gehen.

Der Lehrer befestigte ein Blatt an der Tafel. Der Kleber hielt nicht.

Roland war vom Regen völlig durchnässt. Er setzte sich an den Ofen.

Wir können gewinnen. Wir halten zusammen.

Gut, ich laufe die Strecke mit. Ich bin nicht in Form.

Ich probierte, ob die Tür geschlossen war. Ich hatte den Schlüssel abgezogen.

Abdul konnte nicht mitspielen. Abdul war krank.

Opa setzte sich die Brille auf. Opa nahm die Zeitung.

Wir waren froh. Endlich hatten wir unser Ziel erreicht.

Es war schon ziemlich unheimlich. Im Wald war kein Geräusch zu hören.

> Eine Konjunktion verbindet die Sätze sinnvoll.

1. Streiche die falschen Konjunktionen durch.
2. Verbinde die Sätze mit der richtigen Konjunktion und schreibe den Satz in dein Heft.

Meine Mutter kocht mein Lieblingsessen.	und denn aber	Ich decke den Tisch.
Viele Vögel fliegen im Winter in den Süden.	und denn aber	Sie finden im Winter kein Futter.
Fritz setzt sich an den warmen Ofen.	und denn aber	Er war völlig durchnässt.
Mein Hund musste zum Tierarzt.	und denn aber	Er hatte Flöhe.
Ich nahm den Schirm mit.	und denn aber	Es regnete draußen.
Claudio malte einen Dino.	und denn aber	Sebastian bastelte einen Drachen.
Ich vertraue dir ein Geheimnis an.	und denn aber	Du darfst nicht lachen.
Selim wollte fernsehen.	und denn aber	Er musste zuerst seine Hausaufgaben machen.
Ich verrate dir meinen neuesten Zaubertrick.	und denn aber	Du musst mir dafür bei den Hausaufgaben helfen.
Wir waren alle hundemüde.	und denn aber	Wir hatten unser Ziel erreicht.

Stelle die nachfolgenden Sätze so um, dass die Konjunktionen am jeweiligen Satzanfang stehen. Schreibe in dein Heft.

Christian und Isabell liefen vom Feld schnell nach Hause, bevor das Gewitter über sie hereinbrach.

Der Tierarzt stülpte dem Hund einen Maulkorb über, damit er ihn nicht beißen konnte.

Lukas ist mit seinen Schlittschuhen ins Eis eingebrochen, obwohl sein Vater ihn vor der dünnen Eisschicht gewarnt hatte.

Der Nikolaus musste wohl gekommen sein, während ich schlief.

Der Schiedsrichter brach das Spiel ab, weil fanatische Zuschauer brennende Fackeln auf den Platz warfen.

Der Polizist stellte einen Strafzettel aus, da der Autofahrer zu schnell gefahren war.

Es lag an der schlechten Zugverbindung, dass Familie Möller mit dem Auto nach Musterdorf fuhr.

In früheren Zeiten drohte der Lehrer: „Ihr müsst fühlen, wenn ihr nicht hören wollt."

Wegen einer Stromunterbrechung fiel der Computer gerade in dem Augenblick aus, als ich in „Blinde Kuh" surfte.

Die Preise für Kartoffeln sind erheblich gestiegen, nachdem die Ernte nicht gut ausgefallen war.

„Wir sind die längste Zeit Freunde gewesen, falls du nochmals behauptest, ich hätte schlecht über dich geredet."

„Das klappt mit dem Flug nach London, wie ich soeben vom Reisebüro erfahren habe."

„Die Uhr wird beim 100-m-Lauf gestoppt, sowie ihr die Ziellinie überlaufen habt."

„Ich bin mir nicht sicher, ob ich dir für deine mehr als schlechte Schrift noch eine „Vier" geben kann."

Konjunktionen

Erweitere die Sätze durch Konjunktionen mit den Angaben in den Klammern. Die nebenstehenden Bindewörter helfen dir dabei.

Tobias durchwühlte seinen ganzen Schulranzen.
(fand sein Lesebuch nicht)

„Zieht euch die Turnschuhe an“, meinte Frau Schreiber.
(in die Sporthalle gehen)

Der Unterricht hatte schon wieder begonnen.
(Karin aß noch ihr Brot)

Das ist eine der Regeln auf dem Pausenhof.
(es darf nicht mit Schneebällen geworfen werden)

„Legt zuerst die Gummimatte vor den Kasten“, sagte Herr Wunderlich.
(es soll keine Verletzungen geben)

Es war 5 Minuten vor Unterrichtsschluss.
(die Kinder waren mit ihren Bastelarbeiten fertig)

Heute bekam Jörg zu Hause sein Lieblingsessen.
(er hat Geburtstag)

Julia standen die Tränen in den Augen.
(sie hatte die Arbeit versiebt)

Nun war Mark ganz ruhig.
(Frau Streng hatte ihm eine Standpauke gehalten)

Karla machte weiterhin Unsinn.
(Herr Merk hatte sie mehrmals ermahnt)

Ramadan kam ganz kleinlaut in die Klasse.
(er kam wieder einmal zu spät)

Thomas verteidigte seine Meinung.
(Max unterstützte ihn)

Das Auswendiglernen für das Theaterstück war ganz schön anstrengend.
(es machte Spaß)

„So, heute schreiben wir eine Nacherzählung“, sagte Herr Pauk.
(ich lese sie zweimal vor)

Frau Überall entrüstete sich: „Ihr seid hier nicht zum Vergnügen.“
(hier sollt ihr etwas lernen)

„Heute gebe ich euch keine Hausaufgaben in Mathe auf“, meinte Herr Plus.
(euch eine Freude machen)

aber
bevor
während
dass
damit
als
weil
da
nachdem
obwohl
denn
und
trotzdem
zuvor
sondern
womit

Konjunktionen

Bilde Sätze mit Konjunktionen.

Beispiel: Es regnete heftig, **deshalb** nahm ich den Schirm mit. *Oder:*
Ich nahm den Schirm mit, **weil** es heftig regnete.

als

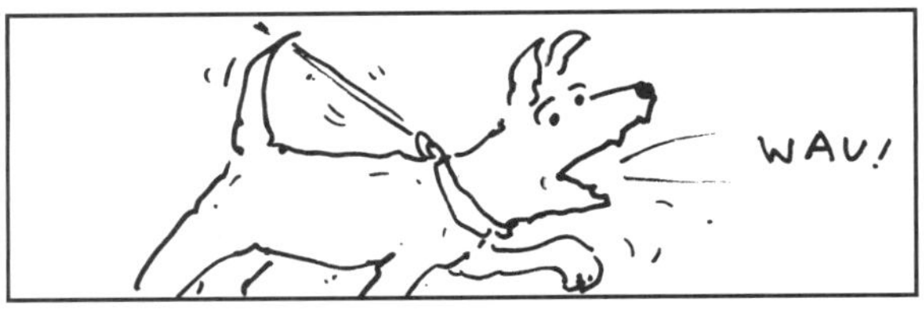

als

weil

und

Präpositionen

Präpositionen (Verhältniswörter) setzen Nomen in ein Verhältnis zu anderen Satzgliedern.

Präpositionen:

hinter, zwischen, unter, im, an, vor, auf, neben, in, vor, über.

Trage die passenden Präpositionen in den unten stehenden Sätzen ein:

Petra liest ________ einem Buch.

„Sams Wal“ steht ____________ „Oma“.

Die Bücher stehen ________ Regal.

„Die Sockensuchmaschine“ befindet sich ________________ „Post für den Tiger“ und der Buchstütze.

„Das Vamperl“ steht __________ „Max der Unglücksrabe“.

„Ben liebt Anna“ findet man ________ „Das war der Hirbel“.

„Das Vamperl“ befindet sich ________ „Jakob Nimmersatt“.

„Wuschelbär“ lehnt ________ der Regalwand.

In der oberen Reihe stehen von links gesehen „Die kleine Hexe“ ________ „Der Buchstabenvogel“.

Die Vase steht ________ dem Regalbrett.

Die Puppe sitzt ________ der Vase.

Präpositionen

Schreibe zu jedem Bild einen Satz mit den angegebenen Präpositionen.

für

gegen

mit

um

aus

ohne

auf

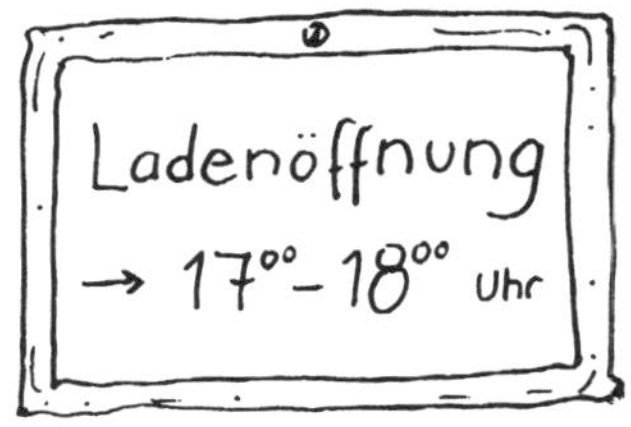

von, bis

nach

ab

durch

seit

Beim **Aussagesatz** wird etwas ausgesagt oder erzählt.
Aussagesätze haben am Schluss einen Punkt.

Beim **Fragesatz** wird etwas gefragt. Am Schluss steht ein Fragezeichen.

Beim **Aufforderungssatz** wird jemand aufgefordert, etwas zu tun.
Am Schluss steht ein Ausrufezeichen.

Beim **Ausrufesatz** wird etwas ausgerufen. Am Schluss steht ein Ausrufezeichen.

Verbinde und setze die Satzzeichen.

Hast du mal Zeit ___

Hurra ___

Morgen schreiben wir ein Diktat ___

Geht es dir gut ___

Räume dein Zimmer auf ___

Ich bleibe noch im Bett ___

Leihst du mir dein Lineal ___

Toll ___

Bleib stehen ___

Mein Vater fährt mit dem Auto zur Arbeit ___

.

?

!

Aufforderung

!

Ausruf

Mach, dass du wegkommst ___

Wollen wir spielen ___

Hau ab ___

Das darf doch nicht wahr sein ___

Au, du tust mir weh ___

Heute Mittag musst du zum Zahnarzt ___

Komm sofort her ___

Wann hast du Geburtstag ___

Es regnet in Strömen ___

Genial ___

Subjekt – Prädikat

> Das Satzglied, das auf die Frage „Wer oder was?“ antwortet, heißt **Subjekt**.
> Das Satzglied, das auf die Frage „Was tut …?“ antwortet, heißt **Prädikat**.
> Das Prädikat ist immer ein Verb.

Hexe Trixi

Aus ihrer alten Kiste holt Hexe Trixi ihren Zauberhut. Mit ihrem Zauberstab zaubert sie einen Hasen.
Gegen ihre Fenster prasselt der Regen. Nun zaubert sie eine Sonne. Jetzt verschwindet der Regen.
Sie spricht einen anderen Zauberspruch. Es regnet wieder. Am Himmel sieht sie einen Regenbogen.

1. Unterstreiche in dem Text die Subjekte blau und die Prädikate rot.
2. Schreibe die Sätze so auf, dass das Subjekt an erster Stelle und das Prädikat an zweiter Stelle steht. Dann fügst du die übrigen Satzglieder hinzu.

z. B. Heute zaubert Hexe Trixi.
Hexe Trixi (zaubert) – heute.

Hexe Trixi	zaubert	heute

Kennst du die Märchen?

1. Schreibe das passende Märchen hinter die Sätze.
2. Unterstreiche jeweils das Subjekt (blau) und das Prädikat (rot).
3. Ersetze die Pronomen durch Nomen. Schreibe die Sätze in dein Heft.

Sie schlief hundert Jahre. ______________________

Er holte die goldene Kugel aus dem Brunnen. ______________________

Sie verirrten sich im Wald. ______________________

Es forderte von der Königin das Kind. ______________________

Sie schüttelte die Betten aus. ______________________

Er trug hohe Stiefel. ______________________

Sie besuchte ihre Großmutter im Wald. ______________________

Sie musste Linsen verlesen. ______________________

Sie vertrieben die Räuber aus dem Haus. ______________________

Sie lebte bei den sieben Zwergen. ______________________

Er tauschte einen Klumpen Gold gegen eine Gans. ______________________

SCHNEEWITTCHENFROSCHKÖNIGHÄNSELUNDGRETELROTKÄPPCHEN
RAPUNZELDERGESTIEFELTEKATERDORNRÖSCHENHANSIMGLÜCK
ASCHENPUTTELFRAUHOLLERUMPELSTILZCHENDIEBREMERSTADTMUSIKANTEN

Zweiteiliges Prädikat

> Manchmal besteht das Prädikat aus mehreren Wörtern. Sie sind dabei oft durch einen eingeschobenen Satzteil getrennt.

Kennzeichne die folgenden Sätze wie im folgenden Beispiel und schreibe das vollständige Verb dahinter.

Hans <u>fällt</u> die Treppe <u>hinunter</u>. **hinunterfallen**

Die Mutter legt das Baby zum Schlafen hin. ______________________

Sie deckt es mit einer warmen Decke zu. ______________________

Die Lehrerin liest eine Geschichte vor. ______________________

Im Herbst fallen die Äpfel hinunter. ______________________

Um 22 Uhr schlafe ich erst ein. ______________________

Der Tiger greift den Elefanten an. ______________________

Die Katze klettert am Baum hoch. ______________________

Mein Vater schließt die Tür ab. ______________________

Der Hund frisst den Knochen auf. ______________________

Der Postbote wirft den Brief ein. ______________________

Karsten trägt Zeitungen aus. ______________________

Die Katze frisst den Teller leer. ______________________

Dunkle Wolken ziehen vorbei. ______________________

Susi kann schon ein Buch lesen. Beispiel: <u>**kann**</u> <u>**lesen**</u>

Horst muss die Hausaufgaben machen. ____________ ____________

Lisa will nicht ins Bett gehen. ____________ ____________

Das Mädchen soll sein Zimmer aufräumen. ____________ ____________

Objekte (Dativ und Akkusativ)

> Subjekte und Prädikate ergeben alleine oft noch keinen Sinn. Sie brauchen eine Satzergänzung, ein Objekt.
> Objekte kann man mit „Wem?“ (3. Fall = Dativ) oder mit „Wen oder was?“ (4. Fall = Akkusativ) erfragen.

Ergänze die folgenden Sätze. Markiere die Satzergänzung auf die Frage „Wem?“ rot, die Satzergänzung auf die Frage „Wen oder was?“ blau.

Der Pfarrer begrüßt ________________________.

Udo spielt mit ________________________.

Der Bauer mäht ________________________.

Fritz hilft ________________________.

Frau Meier gratuliert ________________________.

Der Schornsteinfeger fegt ________________________.

Mutter backt ________________________.

Mein Freund hilft ________________________.

Luisa kauft ________________________.

Die Katze spielt mit ________________________.

Die Kinder singen ________________________.

Der Wanderer folgt ________________________.

Der Arzt hilft ________________________.

Peter malt ________________________.

Der Lehrer nimmt ________________________.

die Gäste, Kai, seinem Vater, den Kranken, dem Geburtstagskind, eine Kuh, einen Blumenstrauß, den Schildern, seinem Onkel, das Getreide, die Kreide, den Kamin, einen Kuchen, ein Lied, der Maus

Objekte (Dativ und Akkusativ)

Fülle die Lücken in den Spalten, sodass sinnvolle Sätze entstehen. Stelle dabei immer die Fragen „Wem?“ oder „Wen oder was?“.

Subjekt	Prädikat	Objekt (Wem?)	Objekt (Wen oder was?)
	schreibt		einen Brief.
	gibt	der Mutter	
	malen		ein Bild.
	bringen		die Kreide.
	sucht		seinen Freund.
	wäscht		die Haare.
	erzählt	seiner Schwester	
	reicht	allen	
	holt	den Vögeln	
	flickt		die Hose.
	singt	dem Rektor	
	vertraut		ein Geheimnis an.
	kocht	Vater	
	erklärt		den Weg.

Klappbuch (Dativ- / Akkusativobjekt) AB 40

1. Schreibe – auf den ersten Streifen ein **Subjekt**.
   – auf den zweiten Streifen ein **Prädikat**.
   – auf den dritten Streifen eine **„Wem?“**- oder eine **„Wen oder was?“-Ergänzung**
2. Schneide die Vorlagen entlang der gestrichelten Linien aus.
3. Lege mehrere Seiten aufeinander und tackere die Blätter.
4. Bilde lustige Sätze.

Objekte (Genitiv)

> Objekte kann man auch mit „Wessen?“ (2. Fall = Genitiv) erfragen.

Formuliere die nachfolgenden Sätze im Genitiv.

Beispiel: Die Mutter von dem Uwe kam ins Krankenhaus.
Uwes Mutter kam ins Krankenhaus.

Von dem Auto von dem Rudi war das Blinklicht defekt.

„Linda“ heißt dem Bauern seine Kuh.

In der Eisdiele vom Salvatore habe ich mir ein Eis geholt.

In der Zeitung wurde vom Unglück von meinem Freund berichtet.

Der Hund von dem Förster kam im Wald auf mich zu.

Dem Jürgen seine Schwester geht zum Turnen.

Von dem Essen von der Lisa wurde mir schlecht.

In der Schultasche von der Karin herrscht ein Chaos.

Von dem Udo seiner Tante wurde ich abgeholt.

Der Schuss von dem Jäger war dem Hasen sein Tod.

Objekte (Genitiv)

1. Unterstreiche in den nachfolgenden Sätzen die Genitiv-Objekte.
2. Frage mit „Wessen?“ nach dem Genitiv-Objekt.

Z. B.: Der Bruder meiner Mutter ist mein Onkel.
Wessen Bruder ist mein Onkel?

Wir warten sehnlichst auf das Ende des Winters.

Auf wessen ______________________________

Der Garten des Nachbarn wurde neu eingezäumt.

Wessen ______________________________

Der Koch des Hotels bereitete mir mein Lieblingsessen zu.

Wessen ______________________________

Auf dem Nachhauseweg folgte mir der Hund unserer Lehrerin.

Wessen ______________________________

Im Lichte des Mondes sah ich eine Katze über den Dachfirst spazieren.

In wessen ______________________________

Die Radtour fiel wegen des schlechten Wetters aus.

Wegen wessen ______________________________

Herrn Maiers Krawatte saß schief.

Wessen ______________________________

Der Schuss des Stürmers ging hoch über das Tor.

Wessen ______________________________

Der Brief der Oma war eine Woche unterwegs.

Wessen ______________________________

Aufgrund des heftigen Schneefalls fielen mehrere Bäume um.

Aufgrund wessen ______________________________

Susis Geburtstag wurde am Samstag gefeiert.

Wessen ______________________________

Ortsangaben werden mit **Wo?**, **Wohin?** oder **Woher?** erfragt.

Wie Till Eulenspiegel dreimal getauft wurde

Die Taufgesellschaft kam aus Kneitlingen in die Kirche von Ampleben. Nach der Taufe lud der Vater des kleinen Till alle Gäste ins Wirtshaus ein. Es ging dort sehr lustig zu. Man trank kräftig auf Tills Wohl. Dieser lag auf einer Holzbank und schlief.
Am Abend musste man von Ampleben wieder nach Kneitlingen. Viele Gäste schwankten aus dem Wirtshaus. Die Patin trug den kleinen Till auf dem Arm. Man kam an eine Holzbrücke und musste sie überqueren. Die Patin wollte Till besonders schnell über den verschlammten Bach bringen. Dabei rutschte sie aus und beide plumpsten in den Schlamm. Beide wurden wieder auf die Brücke gezogen. Sie sahen schrecklich aus. Zu Hause wurde ein Kessel mit Wasser heiß gemacht und Till wurde darin gebadet.
So taufte man Till Eulenspiegel dreimal,

zuerst ______________________________,

dann ______________________________,

und zuletzt ______________________________.

1. Unterstreiche die Ortsangaben im Text.
2. Trage die Ortsangaben in die nachstehende Tabelle ein.

Wo?	Woher?	Wohin?

Zeitangaben

> Zeitangaben im Satz sagen, **wann** etwas getan wird oder etwas geschieht. Zeitangaben können mit **„Wann?“**, **„Seit wann?“**, **Wie lange?**, **„Wie oft?“**, erfragt werden.

1. Unterstreiche in jedem Satz die Zeitangabe oder die Zeitangaben.
2. Schreibe in die Täubchen das Fragewort nach der Zeitangabe.

Erkennst du das Märchen?

Das Mädchen ging jeden Tag an das Grab seiner Mutter.

Im Frühjahr nahm der Vater sich eine neue Frau.

Das Mädchen musste vom Morgen bis zum Abend arbeiten.

Es begab sich, dass der König ein Fest plante,
das drei Tage dauern sollte.

„Wenn du die Linsen in zwei Stunden herausgelesen hast,
kannst du gehen“, sprach die Stiefmutter.

Da kamen zum Küchenfenster zwei weiße Täubchen herein
und danach die Turteltäubchen.

Es tanzte, bis es Abend war, da wollte es nach Hause gehen.

Er nahm es gleich bei der Hand und tanzte mit ihm.

Zeitangaben

1. Setze die passenden Zeitangaben im folgenden Text ein.
2. Schreibe deinen eigenen Tagesablauf auf und unterstreiche die Zeitangaben.

Ich schlafe, bis um ________ der Wecker klingelt. Um ________ stehe ich auf, frühstücke und wasche mich. Um ________ muss ich los. Mein Schulweg dauert etwa ________________ . Von ________ bis ________ haben wir Unterricht. ______________________________ mache ich sofort meine Hausaufgaben. ____________ darf ich spielen. Um ________ habe ich noch Fußballtraining. Es wird ________ bis ich nach Hause komme. ________________ darf ich dann noch fernsehen. Gegen ________ muss ich leider ins Bett. ____________ ist ein ganz besonderer Tag, ich habe nämlich Geburtstag. Mal sehen, welche Überraschungen auf mich warten.

19.00 Uhr / Danach / 6.30 Uhr / 20.00 Uhr / 20 Minuten / 8.00 Uhr / Eine Stunde / 7.15 Uhr / 18.00 Uhr / Morgen / 13.00 Uhr / Nach dem Mittagessen / 6.15 Uhr /

____

____

____

____

____

____

____

____

____

____

____

____

____

____

Orts- und Zeitangaben

Fragen und Antworten

Schreibe die Fragen mit den passenden Antworten in dein Heft.

Wie oft muss ich mir am Tag die Zähne putzen?

seit dem Herbst

von der Kuh

Wo befinden sich die Kartoffeln?

Wohin reist meine Tante?

nach Hause

am Donnerstag

im Keller

Wie lange dauern die Sommerferien?

Wohin gehst du nach der Schule?

am Freitag

im Geldbeutel

Woher kommt die Milch?

nach Berlin

dreimal

Seit wann bin ich in der Schule?

sechs Wochen

Wann schreiben wir ein Diktat?

Wo bewahrst du dein Geld auf?

Wann beginnt das Wochenende?

Objekte / Orts- und Zeitangaben 1

1. Kreise die Subjekte in allen Sätzen ein.
2. Welche Objekte und Orts- und Zeitangaben findest du in den einzelnen Sätzen? Kreuze an.
3. Trage die angekreuzten Buchstaben in die Lösungskästchen ein. Beginne mit der ersten Spalte senkrecht, zweite Spalte senkrecht usw.

	Wen oder was?	Wem?	Wo? Wohin?	Wann?
Mutter fährt mit Uwe am Samstag zum Turnwettkampf.	K	~~W~~	~~L~~	~~D~~
Gestern spielten wir Tischtennis.	~~O~~	D	B	~~E~~
Das Auto gehört meinem Onkel.	N	I	G	P
Auf der A1 geschah gestern ein Unfall.	F	C	A	R
Cäsar jagte im Garten eine Maus.	D	O	C	L
Am Nachmittag spielten wir auf der Straße gegen eine andere Mannschaft.	I	M	K	G
Im Wald suchte ich gestern Pilze.	E	H	E	R
Am Abend blieben wir in der Jugendherberge.	Z	K	R	A
Am Muttertag schenkte ich meiner Mutter Blumen.	S	G	U	M
An der Kreuzung stießen am Freitag zwei Autos zusammen.	R	A	E	M
Vor langer Zeit lebten die gefräßigen Dinosaurier.	E	S	N	A
Die Feuerwehr löschte am Samstagmorgen einen Brand im Dorf.	E	T	I	T
Das Theaterstück hat mir gefallen.	W	E	M	U
Die Tulpen blühen im Frühling im Garten.	H	L	M	I
In der Schule lesen wir eine spannende Lektüre.	E	P	I	V
Am Freitag wandern wir mit unserer Klasse zur Burg Bröckelstein.	B	P	T	K

Lösungsspruch:

☐, ☐☐☐☐☐ ☐☐☐☐☐ ☐☐☐☐☐☐☐☐☐ ☐☐☐ ☐☐☐ ☐☐☐☐☐☐☐☐☐.

Objekte / Orts- und Zeitangaben 2

1. Kreise die Subjekte in allen Sätzen ein.
2. Welche Objekte und Orts- und Zeitangaben findest du in den einzelnen Sätzen? Kreuze an.
3. Trage die angekreuzten Buchstaben in die Lösungskästchen ein. Beginne mit der ersten Spalte senkrecht, zweite Spalte senkrecht usw.

	Wen oder was?	Wem?	Wo? Wohin?	Wann?
Peter bringt ein Buch in die Bücherei.	K	P	L	B
Am frühen Morgen geschah ein Unfall.	D	Z	N	E
Die Schwalben sind im Mai wieder in ihr altes Nest geflogen.	M	V	U	D
Die Mutter gab Lisa das Geld zum Einkaufen.	L	H	F	H
Der Sänger nahm auf der Bühne am Ende der Show den Beifall entgegen.	A	C	G	I
Der Kellner servierte nach dem Essen unsere Eisbecher.	R	X	S	E
Der Lehrer schimpfte auf dem Schulhof mit der ganzen Klasse.	T	S	W	O
Nach dem stundenlangen Aufstieg erreichten die Wanderer den Berggipfel.	B	G	P	E
Frau Knickerig gab der Friseuse ein ordentliches Trinkgeld.	I	O	L	Y
Gegen Abend ließ der Regen nach.	W	A	R	U
Der Wind trieb die Blätter auf der Straße vor sich her.	N	H	I	D
Die Mathearbeit schrieben wir am Montag.	I	V	F	L
Um 17 Uhr landete das Flugzeug mit dem Minister.	T	K	S	E
Die Oma kocht mein Lieblingsgericht.	C	U	M	G

Lösungsspruch:

Satzglieder

1. Stelle dir einen Fächer her.

- Subjekt (Wer oder was?) – blau
- Prädikat (Was tut …?) – rot
- Dativ-Objekt (Wem?) – grün
- Akkusativ-Objekt (Wen oder was?) – gelb
- Ortsbestimmung (Wo? Wohin?) – orange
- Zeitbestimmung (Wann? Wie lange?) – schwarz

2. Bilde aus den Satzgliedern ganze Sätze.
3. Unterstreiche die Satzglieder mit den oben angegebenen Farben.
4. Die Sätze bilden eine Geschichte. Übertrage sie in dein Heft und schreibe sie zu Ende.

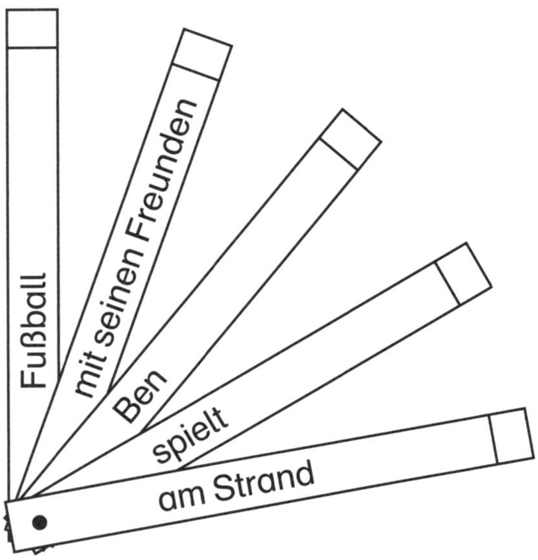

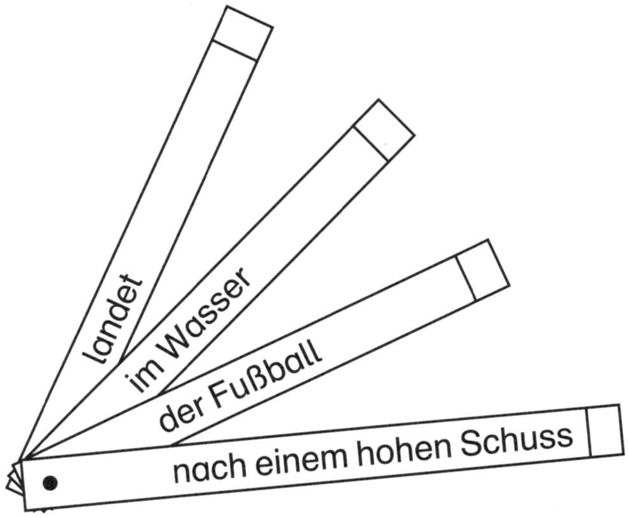

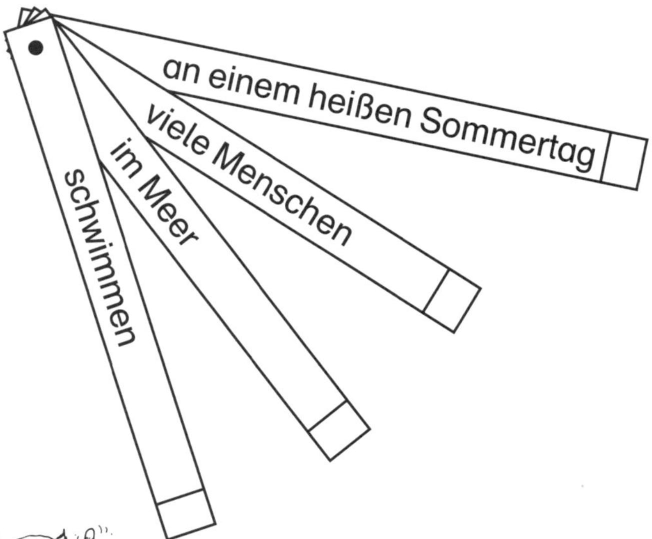

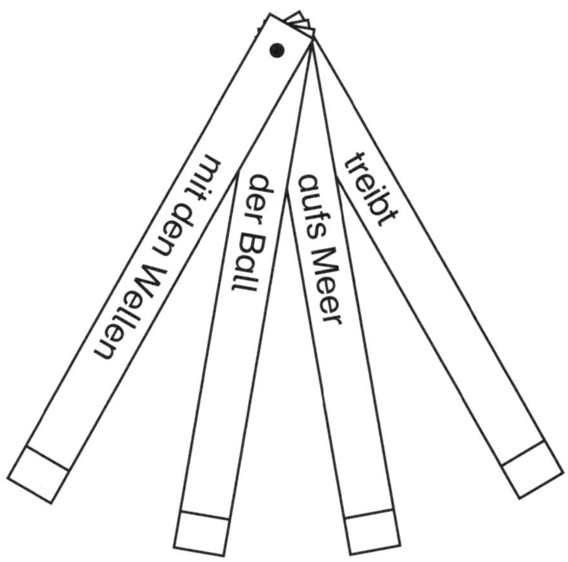

Satzumstellungen

1. Schreibe die nachfolgenden Satzteile in die richtigen Felder.
2. Stelle die Sätze sooft es geht um und schreibe sie in dein Heft.

Mit vollen Containern fährt der Kapitän mit seinem Schiff am Samstag auf dem Rhein.

Mit seinem Enkel fährt der Lokführer am Wochenende Holzstämme nach Düsseldorf.

Mit seinem Lkw verursacht der Fahrer am Abend auf der Autobahn einen Unfall.

Satzumstellungen

Allein

Ich ging abends um 8.00 Uhr ins Bett. Ich war allein zu Hause. Ich hörte im Keller unheimliche Geräusche. Ich zog schnell die Bettdecke über meinen Kopf.
Ich konnte trotzdem nicht einschlafen. Die Geräusche wurden immer lauter. Ich zitterte am ganzen Körper vor Angst. Ich stand trotzdem langsam auf. Ich ging nun Schritt für Schritt die Treppe zum Keller hinunter. Mein Herz klopfte.
Ich sah einen dunklen Schatten hinter der Tür. Ich fand endlich den Lichtschalter und machte das Licht an. Gott sei Dank! Ich sah das offene Kellerfenster. Ich dachte: „Das Geräusch kann nur vom Auf- und Zuschlagen des Fensters gekommen sein."
Ich musste eine Leiter nehmen, um es zu schließen.
Ich ging erleichtert nach oben ins Bett. „Gespenster gibt es doch nicht", murmelte ich noch vor mich hin, bevor ich einschlief.

1. Kreise die Satzanfänge ein.
2. Stelle die Sätze so um, dass sie nicht immer mit „ich" beginnen und schreibe sie hier auf.

Satzumstellungen – Schnippelsätze

Schneide einen Streifen ab, klebe ihn in dein Heft und stelle den Satz sooft es geht um.

Am Wochenende fahre ich mit meinen Freunden an einen See.

Florian übt schon die ganze Woche für die Mathearbeit am nächsten Dienstag.

Schalke 04 gewann gegen Bayern München am letzten Samstag in München.

Am Donnerstag muss meine Mutter zur Untersuchung in das Krankenhaus nach Bonn.

Die Polizei nahm einem Autofahrer wegen überhöhter Geschwindigkeit den Führerschein weg.

In den Nachrichten brachten sie die Meldung über ein Zugunglück in der Türkei.

Ein Mischlingshund wurde auf einem Autobahnrastplatz am vergangenen Freitag in der Nacht ausgesetzt.

Im letzten Jahr gab es wegen der extremen Trockenheit im Sommer vor allem in den südlichen Teilen Deutschlands mehrere Waldbrände.

Wir fuhren mit unserer Klasse vier Wochen vor den Sommerferien auf einen Reiterhof bei Nürnberg.

Unsere Katze Minka brachte am 6. Mai morgens im Kleiderschrank sechs niedliche Junge zur Welt.

Auf der Wiese hinter unserem Garten pflückte ich für meinen Hasen am Wochenende einen ganzen Korb mit Löwenzahn.

Am ersten Schultag kam Peter mit einer großen Tüte voller toller Sachen in die Schule.

Wörtliche Rede – Grundlagen

> Der Begleitsatz der wörtlichen Rede kann (a) vorangestellt, (b) eingeschoben oder (c) nachgestellt sein.

z. B. a) Frau Knaller sagt: „Ich gehe schnell noch einkaufen.“

b) „Ich gehe“, sagt Frau Knaller, „schnell noch einkaufen.“

c) „Ich gehe schnell noch einkaufen“, sagt Frau Knaller.

Die Zeichensetzung sieht so aus:

> a) ______________________: „______________________.“
> b) „______________________“, ______________________, „______________________.“
> c) „______________________“, ______________________.

Jeder der obigen Sätze endet mit einem Punkt. Es handelt sich also um einen Aussagesatz. Daneben gibt es noch Ausrufesätze (!) und Fragesätze (?).

z. B. Peter schreit: „Hau ab, du Lügner!“

„Ist er wirklich ein Lügner?“, fragt Uwe.

„Ein ganz erbärmlicher Lügner sogar!“, kann sich Peter kaum beruhigen, „es ist besser, wenn er mir nicht mehr unter die Augen kommt.“

Du siehst: Wenn der Satz nach dem Ausrufe- oder dem Fragezeichen weitergeführt wird, steht nach dem Schlusszeichen immer ein Komma.

„______________________!“, ______________________

„______________________?“, ______________________

Wörtliche Rede – Übungen

Schreibe die folgenden Sätze jeweils in den angegebenen Formen auf.

„Hört mal zu“, ruft Abdul, „der Ball hat zu wenig Luft.“

a) ______

c) ______

Der Busfahrer regt sich auf: „Mit der Drängelei ist sofort Schluss, es kommen schon alle mit.“

b) ______

c) ______

„Leihst du mir mal dein Mathebuch, Julia?“, fragt Claudia ganz zaghaft.

a) ______

b) ______

„Du bekommst noch 7 Cent zurück“, sagt die Verkäuferin zu dem kleinen Mädchen.

a) ______

b) ______

„Nun pack doch mal mit an!“, fordert ein Arbeiter seinen Kollegen auf, „Du siehst doch, dass ich das alleine nicht schaffe.“

a) ______

c) ______

Mutter zetert: „Kannst du nicht endlich mal still sitzen?“

b) ______

c) ______

Wörtliche Rede – Übungen

Bilde aus den folgenden Angaben Sätze mit wörtlicher Rede jeweils entsprechend der Beispiele a, b und c (siehe AB 54).

Die Oma ermahnt (Lisa soll den Teller leer essen).

Der Kfz-Meister telefoniert (er will das Auto mit dem Abschleppwagen holen).

Der Wetteransager erklärt (morgen Vormittag scheint die Sonne, nachmittags ist Regen zu erwarten).

Der Arzt rät (Heiner soll zwei Tage im Bett bleiben und heißen Tee trinken).

Der Trainer fordert (die Spieler sollen mehr laufen und in die Zweikämpfe gehen).

Wörtliche Rede – Übungen

Bilde aus den folgenden Angaben Sätze mit wörtlicher Rede jeweils entsprechend der Beispiele a, b und c (siehe AB 54).

Klaus flüstert (da er nicht gelernt hat, möchte er von Tine abschreiben).

Tine entrüstet sich (findet es nicht in Ordnung zu schummeln).

Klaus spöttelt (er bezeichnet die Mädchen alle als Memmen).

Tine wendet ein (ihr Verhalten hat nichts mit Feigheit zu tun, sondern mit Ehrlichkeit).

Klaus brummt (eigentlich hat Tine recht, und er will sie auch nicht verleiten, unehrlich zu sein).

Wörtliche Rede – Textvorlage

Eines Tages war es wieder einmal soweit. Harry bekam ein Zeugnis.

Der Lehrer übergab es mit strengem Blick, wobei er bemerkte, dass es nicht besonders ausgefallen sei und Harry sich unbedingt bessern müsse.

Daraufhin meinte Harry, er habe das schließlich alles nicht da hineingeschrieben, also könne er ja wirklich nichts dafür, wenn es so schlecht ausgefallen sei.

Der Lehrer empfahl ihm, selbst einmal hineinzuschauen.

Nun las Harry laut aus dem Zeugnis vor. Mit dem Rechnen sei es noch befriedigend, aber mit dem Lesen habe er mehr als große Schwierigkeiten, das sei nur mangelhaft.

Da meldete sich plötzlich das Zeugnis auch noch und merkte an, das Betragen von Harry ließe auch noch sehr zu wünschen übrig. Er sei immer so zappelig und würde die anderen Kinder damit stören. Seine Mitarbeit solle er ebenfalls verbessern und nicht nur in den Pausen den Mund aufmachen.

Harry wurde etwas kleinlaut, erwiderte aber dem Zeugnis, dass er diese Bewertung ziemlich ungerecht fände. Aber jetzt wolle er sich nicht mehr ärgern und es der Großmutter zeigen.

Die Großmutter nahm das Zeugnis in die Hände und setzte ihre Brille auf. Beim Lesen wurde sie immer bleicher. Dabei wies Harry darauf hin, dass es schon im nächsten Jahr ein neues Zeugnis gäbe und man dieses dann ja sowieso zum Altpapier geben könne.

Das brachte die Großmutter nun völlig aus der Fassung.

Sie sei schon sehr enttäuscht, klagte sie unter großem Jammer, sie hätte sich früher nie getraut, so etwas zu Hause vorzuzeigen. Das sei eine große Schande, mit der man jetzt leben müsse.

So schlug Harry vor, es einfach wieder zurückzugeben, denn sogar im Supermarkt könne man alles ohne Probleme wieder umtauschen.

Wörtliche Rede – Textumsetzung

Setze den Text von AB 57 um in die wörtliche Rede.

Eines Tages war es wieder einmal soweit. Harry bekam ein Zeugnis.

Lehrer: ______________________________

____

Harry: ______________________________

____

Lehrer: ______________________________

Harry: ______________________________

____

Zeugnis: ______________________________

____

____

Harry: ______________________________

____

Die Großmutter nahm das Zeugnis in die Hände und setzte ihre Brille auf.
Beim Lesen wurde sie immer bleicher.

Harry: ______________________________

____

Großmutter: ______________________________

____

____

Harry: ______________________________

____

Wörtliche Rede – Witze

Setze in den folgenden Texten die Zeichen für die wörtliche Rede.

Im Sachunterricht der 4. Klasse werden die verschiedenen Berufe besprochen. Die Lehrerin fragt die einzelnen Kinder nach den Berufen ihrer Eltern. Irgendwann ist auch Kläuschen an der Reihe. Was ist dein Vater fragt die Lehrerin. Mein Vater ist krank. Die ganze Klasse lacht, aber Kläuschen verzieht keine Miene. Dafür entrüstet sich aber die Lehrerin. Kläuschen meint sie ich möchte doch wissen, was er macht. Er hustet entgegnet der Schüler. Die Klasse lacht schon wieder. Nur die Lehrerin ist verzweifelt. Ich meine doch, was er tut, wenn er nicht krank ist. Kläuschen überlegt nicht lange: Wenn er nicht krank ist sagt er unschuldsvoll dann ist mein Vater gesund. Die ganze Klasse brüllt vor Lachen. Ich möchte doch nur wissen fleht die Lehrerin, fast den Tränen der Verzweiflung nahe was er macht, wenn er gesund ist Worauf Kläuschen seelenruhig zur Antwort gibt Dann hustet er nicht mehr

---

Im Sachunterricht der letzten Stunde wurden wilde Tiere durchgenommen. Heute will der Lehrer prüfen, was sich die Kinder noch gemerkt haben. Uli, kannst du mir sagen, was du über den Tiger noch weißt fragt der Lehrer. Also überlegt Uli einen Moment: Der Tiger ist groß, stark, mutig, sehr gefährlich, und er hat eine schlechte Handschrift.

Wieso hat er eine schlechte Handschrift Aber das haben Sie doch in der letzten Stunde selber gesagt Der Tiger hat eine furchtbare Klaue

---

Familie Meier sitzt beim Mittagessen. Fridolin meldet sich zum wiederholten Male zu Wort Du, Papa – Ruhe donnert dieser ihn an wie oft habe ich dir schon gesagt, dass du beim Essen nicht reden sollst

Nach dieser strengen Belehrung gibt Fridolin keine Silbe mehr von sich. Stumm wie ein Fisch guckt er zu. Nach dem Essen wendet sich der Vater an seinen Sprössling So, mein Kleiner jetzt kannst du wieder reden. Jetzt ist es leider zu spät antwortet Fridolin jetzt hast du den Wurm im Salat schon gegessen

---

Die Kinder müssen als Hausaufgabe einen Aufsatz zum Thema *Meine Katze* schreiben. Eva schimpft die Lehrerin am nächsten Tag dein Aufsatz ist ja genau derselbe wie der Aufsatz deiner Schwester

Das ging gar nicht anders sagt Eva. Es ist ja schließlich dieselbe Katze

Wörtliche Rede – Witze

Setze in den folgenden Texten die Zeichen für die wörtliche Rede.

Im Sommer gibt es auf dem Bauernhof viel zu tun. Deshalb hat sich Bauer Weizenkorn in den Ferien einen Schüler aus der Stadt als Hilfe geholt. Soweit ist er mit der Arbeit seines Gehilfen ganz zufrieden, bis er eines Tages sieht, wie der Junge einer Kuh die frische Milch zu saufen gibt. Ja, bist du denn von allen guten Geistern verlassen schreit der Bauer. Was regen Sie sich denn so auf entgegnet der Schüler die Milch schien mir heute etwas dünn, da wollte ich sie noch einmal durchlaufen lassen

---

Gerlinde will einen Papagei kaufen. Da hast du aber großes Glück sagt der Verkäufer in der Tierhandlung ich kann dir ein richtiges Prachtexemplar anbieten.

Und tatsächlich steht da ein prächtiger rot-grüner Papagei. An jedem Bein ist eine Schnur befestigt. Schau nur erklärt der Verkäufer und zeigt auf die Schnur am rechten Bein wenn du hier ziehst, sagt er *Guten Morgen*. Und wenn du links ziehst, dann sagt er *Gute Nacht und träume süß.*

Und was passiert, wenn ich an beiden Schnüren gleichzeitig ziehe

Du Trottel, dann fall ich auf den Hintern

Habe ich dir eigentlich schon mal erzählt erkundigt sich Uwe wie ich mal einem Gorilla Auge in Auge gegenübergestanden habe Nein sagt Heiner gespannt Schieß los

Also beginnt Uwe der Bursche war fast drei Meter groß. Arme wie Holzstämme, einen Brustkorb wie ein Fass und ein Gebiss wie eine Messerfabrik. Er stand mir genau gegenüber und starrte mich mit gefährlich funkelnden Augen an. Und ich hatte kein Gewehr dabei. Und dann fragt Heiner, schon ganz aufgeregt vor Spannung. Dann kam das Biest näher. Er brüllte und trommelte sich auf die Brust und ich spürte seinen heißen Atem Und dann fragt Heiner was hast du dann gemacht Tja meint Uwe dann bin ich einfach zum Bärengehege gegangen

---

Wie kamen Sie eigentlich auf die Idee, das Fahrrad zu stehlen wollte der Richter vom Angeklagten wissen. Was heißt hier stehlen verteidigt sich der Beschuldigte das Rad stand am Friedhof. Da habe ich angenommen, dass der Besitzer verstorben war

Setze in den folgenden Texten die Zeichen für die wörtliche Rede.

Es ist Samstagnachmittag im Dschungelstadion. Die Elefanten spielen Fußball gegen die Insekten. Nach der ersten Hälfte liegen die Elefanten mit 19 : 0 vorne. Doch in der zweiten Halbzeit wendet sich das Blatt. Nun kommt der Tausendfüßler auf den Platz und stürmt unaufhaltsam über das Feld und schießt ein Tor nach dem anderen. Am Ende steht es 21 : 19 für die Insekten. Was ich nicht verstehe meint der Trainer der Elefanten nach dem Schlusspfiff zum Trainer der Insekten was ich nicht verstehe ist, weshalb ihr den Tausendfüßler nicht bereits in der ersten Halbzeit spielen lassen habt Wollten wir auch sagt der Insektentrainer aber der Kerl braucht immer eine ganze Stunde, bis er die Fußballschuhe anhat

---

Ein Bauer will seine Kuh auf die Weide führen. Da kommt er zu einer niedrigen Unterführung. Er betrachtet die Kuh, dann wirft er einen Blick auf die Höhe der Unterführung, nimmt Hammer und Meißel und fängt an, die Decke abzustemmen. Zufällig kommt ein Polizist vorbei und fragt Was machen Sie denn da Die Kuh geht nicht durch antwortet der Bauer, da muss ich was abstemmen Das ist verboten meint der Polizist aber warum graben Sie denn nicht einfach den Boden auf Aber Herr Inspektor erklärt der Bauer sehen Sie denn nicht, dass die Hörner zu lang sind und nicht die Beine

---

Der Zirkusdirektor hat eine Anzeige in der Zeitung aufgegeben Suche neue Artisten Er kann sich der vielen Angebote kaum erwehren. Ein Artist meldet sich telefonisch. Also gut, junger Mann meint der Zirkusdirektor sagen Sie mir einmal, was sie so alles können
Ich kann singen, Klavier spielen und Rad fahren antwortet der Bewerber. Aber das ist doch viel zu wenig, das kann doch jeder entgegnet der Direktor. Und Purzelbäume schlagen fügt der Anrufer noch hinzu. Zu wenig, viel zu wenig meint der Direktor. Posaune spielen kann ich auch noch meint der Bewerber noch bescheiden. Ich weiß wirklich nicht, was daran besonders sein soll sagt der Direktor das ist alles zu wenig
Da reißt dem Anrufer der Geduldsfaden Ja, verdammt noch mal, was wollen sie denn von einem Wildschwein eigentlich noch alles verlangen

Till Eulenspiegel im Bienenkorb (1)

Formuliere die fett gedruckten Sätze (AB 63) in wörtliche Rede um und schreibe sie in die Leerzeilen.

Einmal geschah es, dass Till Eulenspiegel in ein Nachbardorf zur Kirmes ging. Dort trank er ein bisschen viel und wurde hundemüde. In einem Hof entdeckte er eine Menge Bienenstöcke, von denen einige leer waren. Das war ein schönes Schlafplätzchen, und so schlief er vom Mittag bis spät in die Nacht. Gerade in dieser Nacht waren zwei Diebe unterwegs, um einen der Bienenkörbe zu stehlen.

(1) ____________________

____

Sie probierten nacheinander die Körbe aus und kamen auch zu dem, in dem Till lag.

(2) ____________________

____

(3) ____________________

____

Während sie in der fast völligen Finsternis so liefen, langte er aus dem Korb und riss dem vorderen Dieb kräftig an den Haaren.

(4) ____________________

____

(5) ____________________

____

(6) ____________________

____

Nachdem sie eine Weile weitergegangen waren, zog Till den Hintermann so fest am Schopf, dass dieser vor Schmerz laut aufschrie.

(7) ____________________

____

(8) ____________________

____

Wörtliche Rede formulieren

Till Eulenspiegel im Bienenkorb (2)

Trotz der Zankerei setzten beide Diebe ihren Weg in der Dunkelheit fort. Nachdem eine Weile vergangen war und wieder Ruhe herrschte, rupfte Till wiederum den vorne Laufenden so fest, dass dessen Kopf gegen den Bienenkorb schlug.

(9) ____

____

(10) ____

____

Schließlich lief einer der beiden fort in die Finsternis, während der andere ihm nachlief. Till wartete eine Zeit lang, doch keiner der beiden kehrte zurück.

(1) **Einer der Burschen meinte zum anderen, dass man den schwersten Korb nehmen solle, der sei auch der beste.**

(2) **Sie waren beide der Ansicht, dass dieser der Schwerste sei und trugen ihn fort.**

(3) **Von dem Gerede war Eulenspiegel aufgewacht, und er dachte, dass er es den Gaunern schon geben werde.**

(4) **Der jedoch glaubte, der Hintermann habe ihm das angetan und schimpfte, er habe schon genug zu schleppen, da solle der andere solche Scherze lassen.**

(5) **Der Hintermann aber meinte, ob der Vordermann träumen würde. Wie er das wohl machen solle, den schweren Korb mit beiden Händen zu tragen und seinen Kumpel gleichzeitig am Haar zu ziehen.**

(6) **Eulenspiegel jedoch lachte sich ins Fäustchen, sagte er doch zu sich, dass dies noch ein feines Spielchen werden würde.**

(7) **Dieser beschimpfte nun seinen Vordermann, er würde sich hier mit allen Kräften abmühen und müsse sich auch noch beschuldigen lassen, den anderen am Haar zu zupfen, während es gerade umgekehrt wäre.**

(8) **Das ließ sich der andere nicht gefallen und bezichtigte den Hintermann der Lüge.**

(9) **Der ließ augenblicklich den Korb fallen, rannte zum Hintermann, schalt ihn einen üblen Burschen und verpasste ihm einen Faustschlag mitten ins Gesicht.**

(10) **Der Angegriffene ließ sofort den Korb fallen und fiel über den Vordermann her, indem er schrie, dass der andere ihm das alles büßen würde.**

Wörtliche Rede formulieren

Eulenspiegel auf der Universität (1)

Formuliere die fett gedruckten Sätze (AB 65) in wörtliche Rede um und schreibe sie in die Leerzeilen.

Eines Tages kam Till Eulenspiegel in die alte Universitätsstadt Prag.

(1) ______________________________

____

Schließlich schrieb er seine Behauptungen auf Zettel, die er an Kirchentüren und an der Universität anschlug. Natürlich waren die Professoren und Doktoren erbost über die dreiste Art von Eulenspiegel. So versammelten sie sich, um sich Fragen auszudenken, die der Bursche nicht beantworten konnte. Sollte er keine Antworten wissen, wollte man ihn verklagen. Der Hausmeister der Universität wurde beauftragt, Till auszurichten, am nächsten Tage vor die Versammlung der Gelehrten zu treten, um die schriftlich gestellten Fragen zu beantworten.

(2) ______________________________

____

Am nächsten Tag versammelten sich alle Professoren und legten Till die Fragen vor.

(3) ______________________________

____

____

(4) ______________________________

____

____

Da man aber das Wasser der Flüsse nicht anhalten kann, musste der Professor seine Frage zurückziehen. Um aber seine Verlegenheit zu überbrücken, stellt er gleich die zweite Frage.

(5) ______________________________

____

____

Wörtliche Rede formulieren

Wiederum saßen die Prüfer ziemlich beschämt da. Nun wurde Till die dritte Frage gestellt.

(6) ____

(7) ____

Natürlich war das unmöglich, und die Gelehrten machten wieder mal lange Gesichter. Danach stellten sie ihm voller Zorn eine vierte Frage.

(8) ____

Dem Schalk fiel natürlich wieder etwas ein.

(9) ____

____

____

Was sollten die Professoren machen? Ratlos standen sie zusammen, legten aber dem Schlitzohr Till noch eine fünfte Frage vor.

(10) ____

(11) ____

____

Was sollten die Gelehrten noch sagen? Eulenspiegel hatte auf alles eine Antwort gegeben. Weil er die Prüfer aber so immer wieder aufs Glatteis geführt hatte, befürchtete er deren Rache und verschwand schnell.

(1) **Hier erzählte er jedem, der es hören wollte, er sei ein großer Gelehrter, der auch Antworten auf Fragen hätte, die andere Gelehrte nicht lösen könnten.**

(2) **Till nahm die Einladung an und erwiderte dem Hausmeister, dass er hoffe, als ein tüchtiger Mann die Prüfung zu bestehen.**

(3) **Zuerst fragte ihn ein Professor, er solle mit größter Genauigkeit sagen, wie viele Ohm[1] Wasser im Meer seien. Sollte er darauf keine oder eine falsche Antwort haben, werde man ihn gehörig bestrafen.**

(4) **Doch Eulenspiegel antwortete schlau, dass man zunächst einmal alle Flüsse, die ins Meer laufen, stillstehen lassen müsse. Dann könne er das Wasser messen und sagen, wie viele Ohm es sind.**

(5) **Till solle sagen, wie viele Tage von Adam und Eva bis heute vergangen sind. Darauf entgegnete er, dass es nur sieben Tage sind, und wenn die herum seien, folgen wieder sieben neue Tage. Das ginge so bis ans Ende der Welt.**

(6) **Er solle sagen, wo sich der Mittelpunkt der Welt befindet.**

(7) **Worauf er antwortete, dass die Mitte der Welt genau hier sei. Dann empfahl er, das nachmessen zu lassen.**

(8) **Eulenspiegel solle sagen, wie groß der Abstand zwischen Himmel und Erde sei.**

(9) **So meinte er, dass es gar nicht weit sei, denn wenn man auf der Erde redet, könne man es im Himmel hören. Der Herr Professor solle nur hinaufsteigen, Till wolle ihm dann etwas zurufen, was der andere dann oben hören könne.**

(10) **Nun wollten sie von ihm wissen, wie groß der Himmel sei.**

(11) **Schnell antwortete Eulenspiegel, der Himmel sei tausend Klafter[2] breit und tausend Ellen[3] hoch, und er fügte an, dass man es nachmessen solle.**

[1] Ohm = ca. 150 Liter
[2] Klafter = 1,70 – 2,90 m
[3] Elle = 55 – 85 cm

Begriffslexikon

Für grammatische Begriffe gibt es deutsche und lateinische Wörter.
Stelle dir dein eigenes Lexikon zusammen, indem du die richtigen Übersetzungen ankreuzt und farbig kennzeichnest.

Namenwort, Hauptwort, Dingwort:

- [ ] Artikel
- [ ] Verb
- [ ] Nomen/Substantiv

Tuwort, Tunwort, Tätigkeitswort, Zeitwort:

- [ ] Präposition
- [ ] Nomen/Substantiv
- [ ] Verb

Eigenschaftswort, Wiewort:

- [ ] Subjekt
- [ ] Adjektiv
- [ ] Konjunktion

Fürwort:

- [ ] Objekt
- [ ] Pronomen
- [ ] Präposition

Verhältniswort:

- [ ] Prädikat
- [ ] Präposition
- [ ] Pronomen

Bindewort:

- [ ] Adjektiv
- [ ] Konjunktion
- [ ] Objekt

Satzgegenstand:

- [ ] Verb
- [ ] Prädikat
- [ ] Subjekt

Satzaussage:

- [ ] Prädikat
- [ ] Artikel
- [ ] Pronomen

Satzergänzung:

- [ ] Objekt
- [ ] Subjekt
- [ ] Adjektiv

Begleiter:	☐ Singular ☐ Plural ☐ Artikel
Einzahl:	☐ Plural ☐ Singular ☐ Artikel
Mehrzahl:	☐ Plural ☐ Artikel ☐ Singular
Gegenwart:	☐ Perfekt ☐ Futur ☐ Präsens
1. Vergangenheit:	☐ Futur ☐ Präteritum/Imperfekt ☐ Präsens
2. Vergangenheit:	☐ Perfekt ☐ Präsens ☐ Präteritum/Imperfekt
Zukunft:	☐ Präteritum/Imperfekt ☐ Futur ☐ Perfekt
Wer- oder Was-Fall/ 1. Fall:	☐ Nominativ ☐ Dativ ☐ Genitiv
Wessen-Fall/ 2. Fall:	☐ Akkusativ ☐ Genitiv ☐ Nominativ
Wem-Fall/ 3. Fall:	☐ Dativ ☐ Akkusativ ☐ Genitiv
Wen- oder Was-Fall/ 4. Fall:	☐ Nominativ ☐ Akkusativ ☐ Dativ

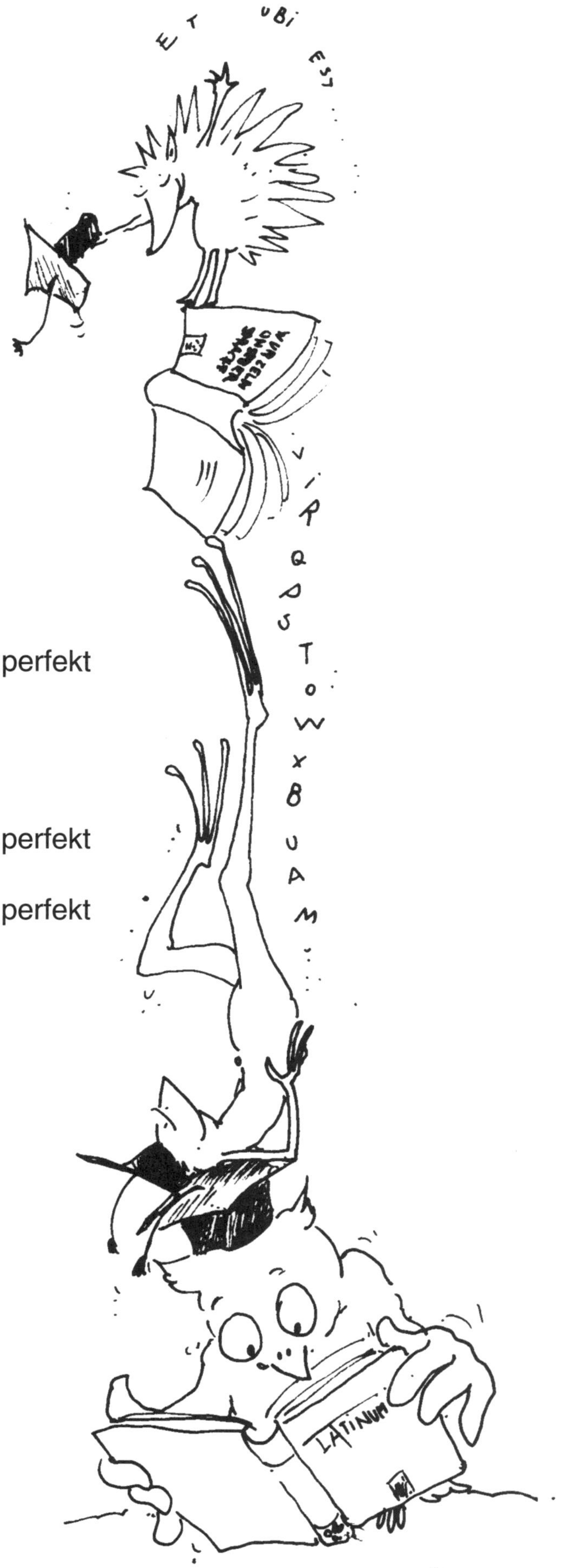

Kleines Begriffslexikon 2

Präsens:
☐ Pfarrer
☐ Gegenwart
☐ Geschenk

Präteritum:
☐ Gefängnisaufseher
☐ Staatsoberhaupt
☐ 1. Vergangenheit

Perfekt:
☐ Gemeinheit
☐ 2. Vergangenheit
☐ Beamter

Subjekt:
☐ Satzgegenstand
☐ Kellerassel
☐ Suppengewürz

Prädikat:
☐ Zeugnisnoten
☐ Weinsorte
☐ Satzaussage

Objekt:
☐ Fotolinse
☐ Satzergänzung
☐ Abendstern

Dativ:
☐ Wann-Fall
☐ Wo-Fall
☐ Wem-Fall

Akkusativ:
☐ Wann-Fall
☐ Wen- oder Was-Fall
☐ Wie-Fall

Fit mit der Eule

Arbeitsheft
Grammatik
4. Schuljahr

- *verstehen*
- *üben*
- *merken*

Mildenberger

Inhaltsverzeichnis

Kleines Begriffslexikon 1

Die letzten beiden Seiten (ein bisschen geschummelt)
Ich (Eule) hoffe, du kreuzt wirklich nur die richtigen Antworten an.

Nomen:
- ☐ Niemandswort
- ☐ Namenwort
- ☐ Jemandswort

Verb:
- ☐ Tuwort
- ☐ Nichtsnutzwort
- ☐ Arbeitswort

Adjektiv:
- ☐ Wowort
- ☐ Wemwort
- ☐ Wiewort

Pronomen:
- ☐ Fürwort
- ☐ Fürsprecher
- ☐ Fürbitte

Konjunktion:
- ☐ Wirtschaftslage
- ☐ Bindewort
- ☐ Bindestrich

Wörtliche Rede – Übung 2

1. Suche zu den angegebenen Personen die jeweils passende wörtliche Rede.

1 Helen grübelt:	☐ Wir nehmen den Weg, der nach links abbiegt.
2 Vater erkundigt sich:	☐ So geht das nicht weiter, du räumst sofort dein Zimmer auf.
3 Klaus überlegt:	☐ Sei doch nicht immer so grob zu mir!
4 Der Bäcker sagt:	☐ Ich … ich … ich war's nicht!
5 Mutter schimpft:	☐ Ob ich mir die Jeans noch leisten kann?
6 Lisa schreit:	☐ Jetzt muss ich aber schnell noch 50 Brötchen backen.
7 Der Wanderführer schlägt vor:	☐ Gehe ich heute oder morgen ins Kino?
8 Peter stottert:	☐ Ein bisschen schneller könntet ihr schon einsteigen.
9 Der Busfahrer meint:	☐ War der Briefträger schon da?

2. Schreibe die Sätze komplett nach den folgenden Angaben in dein Heft:

a) ______________: „______________." (!"/?")

b) „______________" (!"/?"), ______________.

c) „______________", ______________, „______________." (!"/?")

Wortarten

Suche aus dem Gitternetz die Nomen und die daraus abgeleiteten Verben und Adjektive heraus. Schreibe sie auf Seite 4 auf.

L	E	I	D	E	N		B	L	U	T		L	U	F	T
	S	T	Ü	R	M	I	S	C	H		T	Ö	T	E	N
	T	R	A	U	E	R		F	Ü	R	C	H	T	E	N
L	U	F	T	I	G		L	I	E	B	L	I	C	H	
	R	E	G	N	E	N			K	A	M	P	F		
F	R	E	U	D	I	G		S	T	Ü	R	M	E	N	
	F	U	R	C	H	T		L	I	E	B	E	N		
		K	Ä	M	P	F	E	N			R	E	G	E	N
L	E	I	D	V	O	L	L		B	L	U	T	E	N	
	L	I	E	B	E			L	Ü	F	T	E	N		
F	U	R	C	H	T	L	O	S		S	T	U	R	M	
	F	R	E	U	D	E			T	Ö	D	L	I	C	H
K	Ä	M	P	F	E	R	I	S	C	H		L	E	I	D
	T	R	A	U	E	R	N			B	L	U	T	I	G
		R	E	G	N	E	R	I	S	C	H		T	O	D
	F	R	E	U	E	N			T	R	A	U	R	I	G

Wortarten

1. Trage die Wörter von Seite 3 in die unten stehende Tabelle ein.
2. Schreibe die Nomen mit Artikel auf.
3. Findest du noch weitere Beispiele?

Nomen	Verben	Adjektive

Wörtliche Rede – Übung 1

Das sind

David,

Lisa

und Ute.

Schreibe den folgenden Text als Gespräch auf:

Lisa will sich am Nachmittag mit David treffen, um ein Referat zu erarbeiten. David will um 14.00 Uhr zu Lisa kommen. Ute möchte auch mitmachen. David ist einverstanden. Lisa will das Referat aber lieber mit David alleine machen. Ute wirft Lisa vor, dass sie nur mit David alleine sein möchte. David wird sauer. Er will das Referat zu dritt machen, ansonsten überhaupt nicht mit den beiden Mädchen.

Wörtliche Rede – Wortfeld „sagen“

1. Suche dir aus den Kisten für jeden der nachfolgenden Sätze ein treffendes Verb und ein Adjektiv aus.
2. Setze die Satzzeichen.

Knut ______________ ______________________

Muss ich heute zum Zahnarzt

Die Mutter ______________ ______________________

Räume jetzt endlich dein Zimmer auf

Uwe ______________ ______________________

Mach ich gleich

Heike ______________ ______________________

Pass auf, ein Auto

Die Lehrerin ______________ ______________________

Punktrechnung geht vor Strichrechnung

Die alte Frau ______________ ______________________

Ist es zum Bahnhof noch weit

Der Polizist ______________ ______________________

Ich bringe sie hin

Der Nachbar ______________ ______________________

Spiel woanders mit deinem Ball

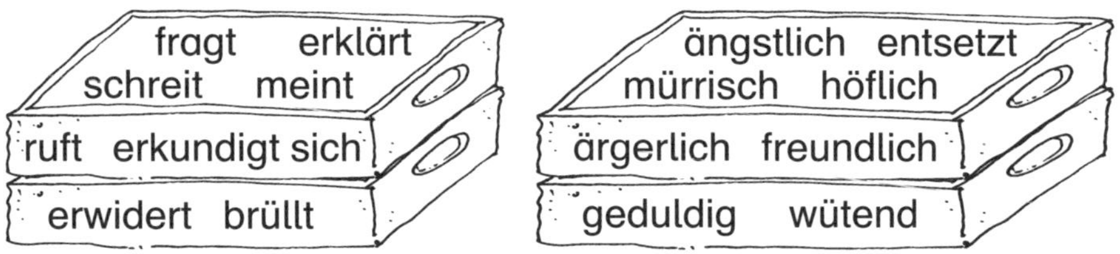

Pronomen

Nomen können durch Pronomen (Fürwörter) ersetzt werden.

Ersetze die Nomen im nachstehenden Text (in den Klammern) durch Pronomen. Streiche die Pronomen auf den Zetteln durch.

Der Junge hilft seinem Vater. Der Junge (______) macht das gerne. Meine Freunde und ich fahren mit den Rädern zum See. Meine Freunde und ich (______) nehmen das Schlauchboot mit. Das Baby schreit in seinem Bettchen. Das Baby (______) bekommt seinen ersten Zahn. Meine Mutter hilft mir bei den schweren Rechenaufgaben. Meiner Mutter (______) fallen die Aufgaben leicht. Der Arzt verschreibt dem Kranken Medizin. Der Arzt (______) verordnet dem Kranken (______) Bettruhe. Franziska ruft ihre Eltern im Urlaub an. Es geht den Eltern (______) gut. Uwe spielt zum ersten Mal Tennis. Uwe (______) macht es keinen Spaß. Luisa turnt am Reck. Luisa (______) gelingt die schwere Übung. Mein Onkel erzählt mir von seinem schlimmen Unfall. Meinem Onkel (______) fällt es nicht leicht, über den Unfall (______) zu sprechen.

Verben in den Zeitformen

Präsens *(Gegenwart)*	Sie spielt Klavier.	Er geht nach Hause.
Präteritum *(1. Vergangenheit)*	Sie spielte Klavier.	Er ging nach Hause.
Perfekt *(2. Vergangenheit)*	Sie hat Klavier gespielt.	Er ist nach Hause gegangen.
Futur *(Zukunft)*	Sie wird Klavier spielen.	Er wird nach Hause gehen.

1. Schreibe die passenden Verben unter die Bilder.
2. Bilde Sätze in allen 4 Zeitstufen.

ben, hal-, schnei-, len, ten, den, sprin-, schrei-, ren, re-, ken, fah-, ma-, trin-, ko-, gen , chen

Konjunktionen

Sätze können durch Konjunktionen (Bindewörter) miteinander verbunden werden.

Konjunktionen sind z. B. aber, denn, oder, als, und, …

Verbinde die nachfolgenden Sätze mit Konjunktionen.
Schreibe die vollständigen Sätze in dein Heft.

Lars liegt um 9.00 Uhr noch im Bett.	Igel halten einen Winterschlaf.
Thorsten träumt von einem CD-Player.	Draußen ist es bitterkalt.
Bello bekommt zur Belohnung eine Wurst.	Er möchte nicht zur Schule gehen.
Bären fressen sich im Herbst ein Fettpolster an.	Sie hatte eine Erkältung.
Maike trägt einen dicken Anorak.	Er hat ein neues Kunststück gelernt.
Lisa kam nicht zum Kindergeburtstag.	Er hört so gerne Musik.

Das schaffst du doch im Schlaf!

Satzumstellungen

Stelle folgende Sätze nach den Angaben (Schema Seite 17) um. Ein Tipp: Nummeriere bei den vorgegebenen Sätzen zunächst die Satzteile.

Klaus fährt mit seinem Fahrrad in den Sommerferien zur Oma.

⑥②①④⑤ ____

____

Nach dem Endspiel nahm die siegreiche Mannschaft den Pokal entgegen.

①②③⑥ ____

____

Petra telefonierte 10 Minuten mit ihrer Freundin in England.

④⑤②①⑥ ____

____

Das mit zwei Personen besetzte Auto fuhr um 20.13 Uhr gegen die Leitplanke.

⑤⑥②④① ____

____

Verben in eine andere Zeitstufe setzen

Am Computer

Sabrina und Eric sitzen am Computer. Sie wollen für ein Referat im Internet nach Informationen suchen. Das Thema des Referates heißt: **Leben in der Steinzeit**.
Eric gibt die Adresse einer Suchmaschine ein. Sabrina tippt ein Stichwort ein und klickt auf das Feld „Suchen". Nach kurzer Zeit erscheinen die Suchergebnisse. Diese nennt man Links. Eric klickt einen Link an. Es erscheint die erste Seite mit Berichten über das Leben in der Steinzeit. Sie blättern weiter, bis sie weitere Einzelheiten finden. Sabrina druckt den Text aus.

Unterstreiche alle Verben im Text. Schreibe den Text in einer anderen Zeit auf (Präteritum, Perfekt).

Zusammengesetzte Adjektive

1. Verbinde die Bilder mit den passenden Adjektiven.

~~hoch~~
klar
schnell
müde
scharf
gelb
weich
kalt
rot
leicht
weiß
nass
grün
grau
dick

2. Schreibe so in dein Heft: Die Mauer ist haushoch usw.

Satzumstellungen

Bilde aus den Satzgliedern Sätze mit folgendem Aufbau:

①	②	③	④	⑤	⑥
Subjekt	Prädikat	Wen oder Was?	Wem?	Wo? Wohin?	Wann? Wie lange?

① ② ⑥ ⑤

predigt · der Pfarrer · von der Kanzel · am Sonntag

____

____

① ② ③ ⑥ ⑤

zum Flughafen · bringt · gegen Abend · seinen Fahrgast · das Taxi

____

____

③ ② ① ⑤

in der Nähe der Bucht · wartet · auf sein Opfer · der Hai

____

____

① ② ④ ⑥ ⑤

nach Sonnenuntergang · wandert · Heike · mit Maike · zur alten Burg

____

____

Kannst du einen Satz bilden, in dem alle Satzglieder (1 bis 6) vorkommen? Schreibe in dein Heft.

Satzumstellungen

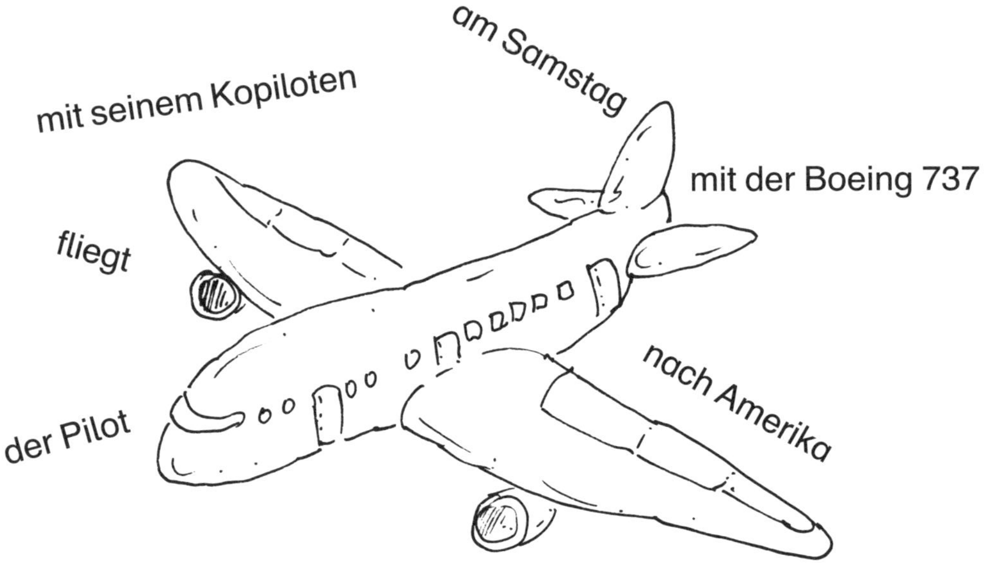

Bilde nach folgendem Muster einen Satz:

Subjekt / Prädikat / Wen oder Was? / Wem? / Wann? / Wohin?

Diese Angaben helfen dir:

Wer fliegt? ______________________________

Was tut er? ______________________________

Mit was fliegt er? ______________________________

Mit wem fliegt er? ______________________________

Wann fliegt er? ______________________________

Wohin fliegt er? ______________________________

Subjekt / Prädikat

Nach dem Subjekt (Satzgegenstand) fragt man mit „Wer" oder „Was".

Nach dem Prädikat (Satzaussage) fragt man mit „Was tut …?"

1. Setze ein passendes Subjekt ein. Frage nach dem Subjekt mit „Wer oder was?"

Die Kinder lässt ______________ ein Diktat schreiben.

______________ mauert ein Haus.

______________ jagt eine Maus.

Im Frühjahr schneidet ______________ die Rosen.

______________ trabt zur Wasserstelle.

______________ besucht eine Theateraufführung.

2. Setze das passende Prädikat ein. Frage nach dem Prädikat mit „Was tut …?"

Mühsam ______________ die Wanderer den Berg hinauf.

Der Ball ______________ genau in Müllers Küchenfenster.

Der Delfin ______________ 3 Meter aus dem Wasser.

Nach dem Essen ______________ Oma Tilde ein Schläfchen.

Subjekt / Prädikat

1. Unterstreiche in dem unten stehenden Wetterbericht die Subjekte und die Prädikate.
2. Ein Satz passt nicht. Streiche ihn durch!

In der Nacht ist der Himmel sternenklar. Die Temperaturen gehen auf 11°C zurück. Bis zum Mittag steigen die Temperaturen auf 25°C.
Einige Wolken ziehen von Südwesten auf. Ein schwacher Wind weht aus Südwest. Gegen Abend muss mit Wärmegewittern gerechnet werden. Die Schneefallgrenze sinkt auf 1000 Meter. Die Gesamtwetterlage bleibt auch in den nächsten Tagen weitgehend erhalten. Lediglich am Mittwoch kann es zu einzelnen kleineren Schauern kommen.

3. Vervollständige das Bild und male es der Jahreszeit entsprechend an.

Zeitbestimmungen

In den Sätzen sind die Zeitangaben vertauscht. Verbinde sie sinnvoll.

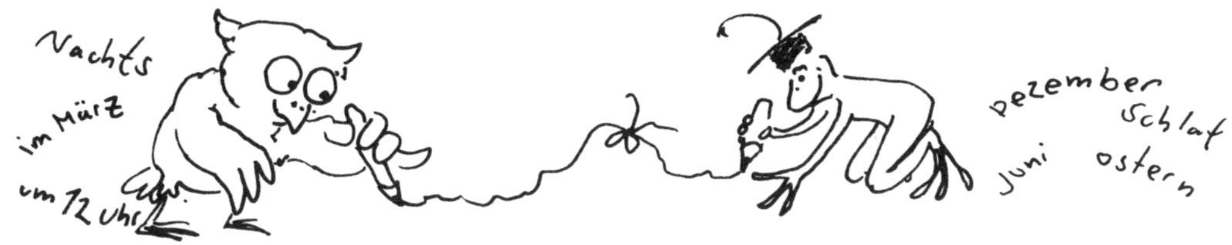

Verkehrte Welt

Dreimal in der Woche	liege ich in tiefem Schlaf.
Im Dezember	fahre ich zum Baden ans Meer.
Nachts	spiele ich mit meinen Freunden Fußball.
Im März	habe ich meinen Heuschnupfen.
Zwei Wochen	sammle ich Kastanien.
Im Sommer	ziehe ich einen dicken Pullover an.
Um 12 Uhr	pflücke ich Osterglocken.
Im Februar	hole ich Kirschen vom Baum.
Im Juni	darf ich fernsehen.
Am Wochenende	muss ich in die Schule.
Im Herbst	gibt es einen Schalttag.
Samstagabend	läuten die Mittagsglocken.
Am Vormittag	ruhe ich mich aus.

Objekte im Dativ und Akkusativ

> Objekte (Ergänzungen) können im Dativ (Wem-Fall) stehen. Man erkennt sie durch die Frage: Wem …?
> Objekte können im Akkusativ (Wen- oder Was-Fall) stehen. Man erkennt sie durch die Frage: Wen oder was …?

1. Setze im folgenden Text die fehlenden Objekte ein.
2. Schreibe die Fragewörter und die Antworten auf.
   Unterstreiche *wem?* gelb; *wen oder was?* grün.

Wuschel

Stefan hat zum Geburtstag ____________ bekommen. Er nennt ____________ Wuschel. Stefan gibt ____________ jeden Morgen ____________. Gestern hat Stefan einen langen Spaziergang mit ____________ gemacht. Plötzlich sieht er ____________. Wuschel jagt ____________ hinterher. Stefan ruft ____________, aber er gehorcht nicht. Er holt ____________ aus der Tasche. Auch das nützt nichts. Zehn Minuten später kam ____________ zurück. Nun muss er in der nächsten Zeit immer an der Leine gehen.

ihm, sein Futter, Wuschel, einen Hasen, seine Pfeife, ihn, dem Hasen, Wuschel, einen Hund

Objekte im Dativ und Akkusativ

1. Lies die Sätze von Seite 12 durch.
2. Setze jeweils das entsprechende Fragewort ein.
3. Vervollständige die Antworten.

______ hat er bekommen? Er hat ____________.

______ nennt er ihn? Er nennt ____________.

______ gibt er ihm? Er gibt ____________.

______ hat er gemacht? Er hat ____________.

______ sieht Wuschel? Er sieht ____________.

______ jagt Wuschel hinterher? Er jagt ____________.

______ ruft Stefan? Er ruft ____________.

______ holt er aus der Tasche? Er holt ____________.

Orts- und Zeitbestimmungen

Ortsangaben antworten auf die Fragen: Wo? Woher? Wohin?
Zeitangaben antworten auf die Fragen: Wann? Wie lange? Wie oft?

Stelle Wo-, Woher-, Wohin-Fragen und schreibe die Antworten auf.
Beispiel: Wo fliegen die Vögel? Die Vögel fliegen über das Haus.

Subjekt / Prädikat / Objekt

1. Ziehe bei den nachfolgenden Sätzen senkrechte Striche nach jedem Satzglied.
2. Stelle die Sätze so um, dass das Subjekt an erster Stelle steht.
3. Schreibe die Sätze so auf:

Peter (fährt) mit seinem Fahrrad. / an den See.

In der Küche kocht Mutter einen leckeren Braten.

Am Wochenende fuhren Felix und seine drei Freunde ans Meer.

Auf der A3 geschah heute Mittag ein schwerer Unfall.

Zum Geburtstag schenkte mir Opa ein neues Fahrrad.

Am nächsten Samstag wandern wir zu einer Burg.

Am Nachmittag erhält Kommissar Kugelblitz einen wichtigen Anruf.

Hinweise und Lösungen

Ganz allgemein lässt sich zu den vorliegenden Materialien sagen, dass sie die stofflichen Erarbeitungen des 3. Schuljahres in großen Teilen verfestigen sollen. Schwerpunktartig haben wir erweiternd Wortbedeutungen, Zeitformen der Verben, Konjunktionen, Präpositionen und Adverbialien behandelt.
Hinweise und Lösungen wurden nicht zu allen Arbeitsblättern gegeben; lediglich da, wo diese sich nicht von vornherein als augenfällig zeigen oder erübrigen.

AB 1/2: Die bisher erlernten grammatischen Grundbegriffe aus **Fit mit der Eule** für das 3. Schuljahr sollen hier mit ihren Definitionen nochmals wiederholt werden.

AB 3/4: Auch bei diesen Arbeitsblättern soll bereits Gelerntes vertieft werden. Möglicher Einstieg wäre folgender Tafelanschrieb:

Wasserrad	Buntpapier	Sprungbrett
Spielplatz	Regenwasser	Frechdachs

Die Schüler(innen) zerlegen die zusammengesetzten Nomen nach ihren Wortarten.

AB 4:

1		EISBERG
	X	SCHRAUBVERSCHLUSS
		SCHLANKMACHER
2		KNEIFZANGE
		HAUSTÜR
	X	SCHNELLSTRAßE
3	X	BRANNTWEIN
		FRISCHFLEISCH
		BAUMSÄGE
4		STOLPERSTEIN
		SAUERKRAUT
	X	BLUMENVASE
5		LÖSCHPAPIER
	X	WINTERSONNE
		SPITZBUBE
6		KOCHBUCH
		DACHZIEGEL
	X	BÖSEWICHT
7	X	WASCHMASCHINE
		FEUERSTELLE
		SPÄTZÜNDER
8	X	TIEFFLIEGER
		AUTOBAHN
		NÄHNADEL
9		SCHAFWOLLE
		FRÜHJAHR
	X	GLÜHLAMPE
10	X	STARKSTROM
		TREFFPUNKT
		KAFFEETASSE

Lösung: BRAVISSIMO!

AB 6: Eine erweiterte Vorsilben-Reihe soll den Kindern den Bedeutungswandel eines Verbs durch Hinzufügen einer Vorsilbe verdeutlichen. Es fällt ihnen häufig schwer, die Verben in Sätzen anzuwenden, da der Wortschatz immer geringer wird. Daher ist es ganz besonders wichtig, mit den Verben Sätze bilden zu lassen.
Die jeweils unten stehenden Wörter sollen lediglich als Anregung dienen. Es ist empfehlenswert, die Verben auf ihre Bedeutung hin mündlich zu erörtern.

AB 7–9: Diese Vorlagen bieten sich besonders für Gruppen- oder Klassenarbeit (OH-Folie) an, denn es „geht" gelegentlich um ambivalente Bedeutungen. Also auch um Ansichten und damit um Sprachreflexion. Auch hier geht es sowohl um Wortschatzerweiterung als auch um Leseverständnis. Die Arbeitsblätter können in Längsrichtung auseinandergeschnitten und an zwei Gruppen verteilt werden: eine Gruppe liest den Satz vor – wer von der anderen Gruppe findet zuerst die mögliche Antwort?
Dabei können Punkte vergeben werden. Nach dem ersten Durchlauf wird gewechselt.

AB 10/11: Sicher sind den Schüler(innen) nicht alle der aufgeführten Bedeutungen für „gehen" bekannt. Die Substitute sind näherungsweise vielleicht zunächst mit der Definition: „gehen" = „sich mit den Beinen bewegen" zu erfragen oder zu diskutieren.

Hinweise und Lösungen

Auch bei diesen Arbeitsblättern ist es empfehlenswert, mit den zum Wortfeld „gehen" gehörenden Verben Sätze bilden zu lassen.
Die entsprechenden Wörter können von der Lehrkraft auf Karten geschrieben werden. Die passenden Sätze (von den Kindern gebildet und geschrieben) werden auf Karten festgehalten.
Welche Gruppe schafft es in der kürzesten Zeit Verben und Sätze zuzuordnen?

AB 10:

	denken		sehen	X	lahmen
	lesen	X	krabbeln		werfen
X	huschen		fliegen		hetzen
	blättern	X	traben		ziehen
X	wetzen	X	gehen		schreien
X	flitzen		fragen		spielen
	holen		beten	X	eilen
	schreiben	X	humpeln		sitzen
X	laufen	X	wandern	X	trippeln
	nehmen		schließen	X	hüpfen
X	springen	X	kriechen	X	marschieren
	kaufen		stellen		waschen
X	stolzieren	X	schwanken	X	stolpern
X	hinken		pflücken		arbeiten
	schlafen		hängen		schlagen
	trinken	X	stapfen	X	rasen
X	schleichen	X	rennen	X	schlendern
	kratzen		kämmen		klagen
X	bummeln	X	trotten		blättern
X	waten		malen	X	torkeln
	fahren		essen		schwimmen
X	sprinten	X	hopsen		verlieren
	singen	X	spazieren		schneiden
X	tänzeln		bringen	X	schreiten
X	schlurfen	X	sausen		greifen
	graben		klopfen	X	stürmen
	hören	X	watscheln		legen

AB 11: (alphabetische Reihenfolge)

bummeln	huschen	schlendern	stürmen
eilen	krabbeln	schlurfen	tänzeln
flitzen	kriechen	schreiten	torkeln
gehen	lahmen	schwanken	traben
hetzen	laufen	spazieren	trippeln
hinken	marschieren	springen	trotten
hopsen	rasen	sprinten	wandern
hüpfen	rennen	stapfen	waten
humpeln	sausen	stolpern	watscheln
	schleichen	stolzieren	wetzen

AB 12: Die Schüler(innen) können die Verben auf eine kleine Karteikarte schreiben und im Mäppchen aufbewahren. Bei der Aufsatzvorbereitung werden sie hinzugezogen.

AB 13: Die Aufgabe macht es erforderlich, dass die Kinder alle Verben entsprechend der Vorgaben konjugieren. Die unregelmäßigen Verben können zuerst unterstrichen und besprochen werden. Ebenso kann bei den zweigeteilten Verben verfahren werden.

Hinweise und Lösungen

AB 14: *Zu 3.:* Wenn wir etwas erzählen, geschieht dies oft im Perfekt. Die Schüler(innen) können den Text **Max berichtet** ebenfalls ergänzen. Was geschah auf der Insel? Wie wurden sie gerettet?

AB 16: Unregelmäßige Verben evtl. vorher mit den Arbeitsblättern 23 – 25 behandeln.

schreien, kennen, wissen, fahren, springen, trinken, streiten, finden, gehen, fallen, bekommen, heißen, dürfen

AB 17– 19: Unregelmäßige Verben sind in der Tat (auch noch manchmal für Erwachsene – buk? backte?) ein schwieriges Kapitel, dass nicht oft genug geübt werden kann. Da es keine logischen Ableitungen gibt, bietet sich die Form eines Spiels zur Wiederholung in ganz besonderer Weise an, die Sie als Lehrkraft darüber hinaus mit weiteren Verben ergänzen können (AB 19).

AB 22: Dieser Text bietet auch die Möglichkeit, ihn aus einer anderen Erzählperspektive zu lesen oder abzufassen (etwa Ich-Form … Als ich neugierig aus dem ….)

AB 23– 25: Das Wörterbuch erhebt natürlich keinen Anspruch auf Vollständigkeit, repräsentiert aber doch den Wortfeldrahmen der Altersgruppe.

AB 26– 31: Den Konjunktionen wurde hier eine etwas ausführlichere Behandlung eingeräumt. Dies geschah besonders im Hinblick auf eine abwechslungsreichere Sprachgestaltung (Stilistik) im schriftlichen Bereich (Aufsatz).

AB 32: Reihenfolge der Präpositionen:

in, hinter, im, zwischen, neben, unter, über, an, vor, auf, vor.

AB 33: Beispielsätze:

Der kleine, neu eröffnete Hofladen in der Marktgasse hat von 17.00 – 18.00 Uhr täglich (außer Samstag und Sonntag) geöffnet.

AB 34: Zu Beginn der „Satzarbeit“ sollen mit diesem Blatt nochmals die verschiedenen Satzarten in Erinnerung gerufen werden.

AB 35: Um die Satzglieder herauszufinden, üben die Schüler(innen) dies durch Umstellen der Sätze.

Beispiel: Die Hexe Trixi holt aus …
Ihren Zauberhut holt …

Die Kinder sollen erkennen, dass das Verb an der zweiten Satzgliedstelle steht.

AB 36: Erzählanlass: Die Schüler(innen) erzählen zu den einzelnen Bildern und stellen fest, zu welchen Märchen das entsprechende Bild passt.

AB 38: Der Pfarrer begrüßt die Gäste. Udo spielt mit Kai. Der Bauer mäht das Getreide. Fritz hilft seinem Vater. Frau Meier gratuliert dem Geburtstagskind. Der Schornsteinfeger fegt den Kamin. Mutter backt einen Kuchen. Mein Freund hilft seinem Onkel. Luisa kauft einen Blumenstrauß. Die Katze spielt mit der Maus. Die Kinder singen ein Lied. Der Wanderer folgt den Schildern. Der Arzt hilft den Kranken. Peter malt eine Kuh. Der Lehrer nimmt die Kreide.

AB 40: Bevor das Klappbuch angefertigt wird, wird besprochen, mit welchen Farben die Satzglieder (Subjekt, Prädikat, Wem?, Wen oder Was?) unterstrichen werden. Die Kinder versehen die einzelnen Streifen mit entsprechenden Farbpunkten.

AB 43: Orts- und Zeitangaben (Adverbialien) sind ebenso eine Erweiterung der bisherigen Satzarbeit. Auch hier sollte man festlegen, in welcher Farbe oder Linienstruktur (…) sie unterstrichen werden.

Hinweise und Lösungen

AB 44: Das Märchen „Aschenputtel“ könnte nach dem Lesen der Sätze von den Schüler(innen) im Unterrichtsgespräch erzählt werden.

AB 46: Wo befinden sich die Kartoffeln? im Keller / Wann schreiben wir ein Diktat? am Donnerstag / Wann beginnt das Wochenende? am Freitag / Wohin gehst du nach der Schule? nach Hause / Wie lange dauern die Sommerferien? sechs Wochen / Woher kommt die Milch? von der Kuh / Wo bewahrst du dein Geld auf? im Geldbeutel / Seit wann bin ich in der Schule? seit dem Herbst / Wie oft muss ich mir am Tag die Zähne putzen? dreimal. / Wohin reist meine Tante? nach Berlin.

AB 47

Mutter fährt mit Uwe am Samstag zum Turnwettkampf.		W	L	D
Gestern spielten wir Tischtennis.	O			E
Das Auto gehört meinem Onkel.		I		
Auf der A1 geschah gestern ein Unfall.			A	R
Cäsar jagte im Garten eine Maus.	D		C	
Am Nachmittag spielten wir auf der Straße gegen eine andere Mannschaft.	I		K	G
Im Wald suchte ich gestern Pilze.	E		E	R
Am Abend blieben wir in der Jugendherberge.			R	A
Am Muttertag schenkte ich meiner Mutter Blumen.	S	G		M
An der Kreuzung stießen am Freitag zwei Autos zusammen.			E	M
Vor langer Zeit lebten die gefräßigen Dinos.				A
Die Feuerwehr löschte am Samstagmorgen einen Brand im Dorf.	E		I	T
Das Theaterstück hat mir gefallen.		E		
Die Tulpen blühen im Frühling im Garten.			M	I
In der Schule lesen wir eine spannende Lektüre.	E		I	
Am Freitag wandern wir mit unserer Klasse zur Burg Bröckelstein.		P	T	K

Lösungsspruch: O, DIESE EWIGE PLACKEREI MIT DER GRAMMATIK.

AB 48:

Peter bringt ein Buch in die Bücherei.	K		L	
Am frühen Morgen geschah ein Unfall.				E
Die Schwalben sind im Mai wieder in ihr altes Nest geflogen.			U	D
Die Mutter gab Lisa das Geld zum Einkaufen.	L	H		
Der Sänger nahm auf der Bühne am Ende der Show den Beifall entgegen.	A		G	I
Der Kellner servierte nach dem Essen unsere Eisbecher.	R			E
Der Lehrer schimpfte auf dem Schulhof mit der ganzen Klasse.		S	W	
Nach dem stundenlangen Aufstieg erreichten die Wanderer den Berggipfel.	B			E
Frau Knickerig gab der Friseuse ein ordentliches Trinkgeld.	I	O		
Gegen Abend ließ der Regen nach.				U
Der Wind trieb die Blätter auf der Straße vor sich her.	N		I	
Die Mathearbeit schrieben wir am Montag.	I			L
Um 17 Uhr landet das Flugzeug mit dem Minister.		K		E
Die Oma kocht mein Lieblingsgericht.	C			

Lösungswort: KLAR BIN ICH SO KLUG WIE DIE EULE

Hinweise und Lösungen

AB 49–51: Insbesondere bei der Abfassung von Texten zeigen sich oft monotone Satzgliederabfolgen. Im Sinne einer besseren Stilistik sollen die Kinder ein Bewusstsein für die Möglichkeiten einer sprachlichen Darstellung gewinnen.

AB 49: Dieses Arbeitsblatt ist gewissermaßen eine kurze Zusammenfassung aller bisher behandelten Satzglieder. Die Kinder können Fächer aus etwas stärkerem Papier herstellen, da sie bei Übungen immer wieder zur Bestimmung der Satzglieder eingesetzt werden können.

AB 50: Die Kinder bilden eigene Sätze mit den angegebenen Mustern. Die Satzmuster können auch umgestellt werden.

AB 51: Bevor dieses Arbeitsblatt bearbeitet wird, können im Unterricht Satzanfangswörter gesammelt werden. (Endlich, Nun, Dann, Auf einmal, Jetzt, Danach, Bald darauf, Zum Glück, usw.)

AB 52–65: Die Vorlagen erwecken den Eindruck einer „Paukeinheit“. Natürlich kann man die Auswahl selektieren; es zeigt sich allerdings in der Praxis, dass man gerade bei diesem Kapitel durch Üben eine nahezu mechanische Sicherheit bei den Schüler(innen) erreichen kann. Auch hier erfährt die schriftliche Sprachgestaltung wesentliche Impulse. Bewusst haben wir mit diesen Materialien einen Schwerpunkt gesetzt. Die wörtliche Rede wird intensiv geübt mit

- vorangestelltem, eingeschobenem und nachgestelltem Begleitsatz,
- indirekter Rede, die als wörtliche Rede umgeschrieben wird,
- Texten , die durch die wörtliche Rede lebendiger gestaltet werden.

AB 52: Dies ist ein Arbeitsblatt, dass sich gut als Hausaufgabe eignet. Über 4 Tage werden jeweils 3 Sätze im Heft umgestellt.

AB 53: Dieses Arbeitsblatt ist Voraussetzung zur Bearbeitung der Blätter 54 – 56.

AB 67: Dieses kleine Kompendium (evtl. auf DIN A5 verkleinern) sollen die Kinder in ihr Heft kleben, um es jederzeit verfügbar zu haben.

Heft: Die Kopiervorlagen für die kleinen Heftchen im Querformat sind in diesem Ringordner so übereinander angebracht, dass Sie mit einem Blick beim Durchblättern den Inhalt erfassen können. Bitte beachten Sie beim Kopieren, dass Sie den Ringordner beim beiseitigen Kopieren richtig auflegen. Fertigen Sie auf diese Weise ein Musterexemplar des Büchleins. Dann können Sie dieses mit dem Schnelleinzug in der gewünschten Menge kopieren.
Achtung: Wenn Sie die Seiten aus dem Ringordner heraustrennen, können Sie nicht über den Schnelleinzug des Kopierers kopieren, da sonst die Seiten verkehrt auf das Blatt kopiert werden.